歴史文化ライブラリー
223

# 源 義経

元木泰雄



吉川弘文館

# 目 次

# 英雄源義経とその舞台――プロローグ

### 義士・義経

天下の二枚目という言葉がある。年配の方ならおそらく不世出《ふせいしゅつ》の時代劇俳優長谷川一夫《はせがわかずお》を想起されることであろう。彼（当時の林長二郎）こそ、源義経《みなもとのよしつね》の生涯を取り上げた一九三七年の本格的な長編映画『源九郎義経《げんくろうよしつね》』において、初めて義経を演ずるはずの俳優であった。しかし義経と長谷川一夫、この魅力的な組み合わせは、長谷川が暴漢に襲われるという不幸な事件で完成を見なかった。

義経を主人公とする初めての本格的な映画は、一九五五年の『源義経』である。のちに東映の看板役者として一世を風靡《ふうび》する二枚目中村《なかむら》（のち萬屋《よろずや》）錦之助《きんのすけ》が、映画デビュー二年目にして、その主役を演じている。この作品は牛若丸時代を中心とした作品であったが、あまりの好評により翌年には続編が制作された程であった。

そしてテレビの時代が訪れる。一九六六年、日本放送協会（ＮＨＫ）の看板番組である大河ドラマで、義経が取り上げられた。その主役こそ現在の七世尾上菊五郎《おのえきくごろう》、当時の尾上菊之助《きくのすけ》であった。それから三九年を経た二〇〇五年、再度義経が大河ドラマの主人公となり、美形のアイドル滝沢秀明《たきざわひであき》が演じたのは記憶に新しい。

歌舞伎とアイドルという相違は時代の変遷を感じさせるが、つねに美男が義経を演じたことに相違はない。悲劇の主人公義経は、美男であることが絶対条件となった。こうした義経像は、室町時代の軍記物《ぐんきもの》『義経記《ぎけいき》』によって定着したといえよう。

しかし、より古く、真実に近いと考えられる『平家物語』の義経はというと……。

「色白《いろしろ》うせいちいさきが、むかばのことにさしいでてしるかんなるぞ。」

色白だが、身長は低く、前歯がとくに飛び出しているのが顕著だというのである。これは、壇ノ浦合戦《だんのうら》に際し、義経の容姿について平氏《へいし》一門に説明した、平氏の郎等《ろうとう》越中次郎兵衛盛嗣《もりつぐ》の言葉で、敵の大将軍を貶《おとし》める面もあったには相違ない。とはいえ、とうてい美形とは言いがたい、三枚目的な容貌《ようぼう》に近かったのも事実のようである。すでに伝説の義経像は、再検討を迫られたということになろうか。

容姿はさておこう。それでは人物としての評価はどうであったか。
「義士」という言葉は、読者の方々もご存じであろう。「赤穂義士《あこうぎし》」などという呼称は周知の通り。義を通した立派な武士という意味であることは言うまでもない。実は源義経もまた、義士と呼ばれた武将の一人であった。

文治《ぶんじ》元年（一一八五）十月十八日、平氏追討を実現しながら、兄源頼朝《よりとも》から圧迫を受けた義経は、ついに後白河院《ごしらかわいん》から兄源頼朝追討の院宣《いんぜん》を受けた。しかし、京周辺の武士は義経と、その同盟者である叔父行家《ゆきいえ》を見限っていた。関東からの攻撃を京で支えることはできないと判断した両者は、十一月三日、鎮西《ちんぜい》を目指して京を退去したのである。

この時、右大臣九条兼実《くじょうかねざね》は、その日記『玉葉《ぎょくよう》』において、「院中以下《いんちゅういか》、京中悉《きょうちゅうことごと》くもって安穏《あんのん》」であったことから、「義経らの所行《しょぎょう》、まことにもって義士というべきか」との賛辞を記している。さらに四日後、義経一行が逆風で遭難したことを知った兼実は、遭難によって内乱が回避されたことを喜びながらも、「義経、大功《たいこう》を成《な》すもその詮《せん》なしと雖《いえど》も、武勇と仁義とにおいては、後代《こうだい》の佳名《かめい》をのこすものか。歎美《たんび》すべし。歎美《たんび》すべし」と賛辞を惜しまなかったのである。

兼実といえば、朝廷における頼朝の盟友として知られ、文治二年にはその支援によって摂政《せっしょう》に就任している。また、義経没落直後の文治元年十二月、頼朝が後白河に対する報復として「廟堂改革《びょうどうかいかく》」を強行した際にも、内覧《ないらん》・議奏公卿《ぎそうくぎょう》に任命されているように、当時から親頼朝派の公卿であった。その彼ですら義経を「義士」と讃え、その武勇と仁義とを称賛したのである。

この称賛の背景に存したものは何か。それは単に絶望的な退去に際して整然とした行動をとったことだけではない。義経が寿永《じゅえい》三年（一一八四）正月二十日に入京してから、退京まで約一年一〇ヵ月。この間、義経が京を離れたのは、一ノ谷《いちのたに》合戦で二週間、屋島《やしま》・壇ノ浦合戦における遠征に際して三ヵ月余り、そして捕虜《ほりょ》となった平宗盛《たいらのむねもり》父子を鎌倉に連《れん》行《こう》した一ヵ月余りに過ぎず、これ以外は、ほぼ京にとどまっていた。この間の義経の活動にこそ、彼が貴族たちから高い評価を得た原因が存在していたのである。

もちろん、義仲・平氏との相次ぐ戦いにおける劇的な勝利が一因であることは言うまでもないだろう。それとともに、義経が京や朝廷にとって掛けがえのない役割を果たした人物であったことも、忘れてはならない。義経が上洛《じょうらく》した目的は、平氏を駆逐して入京しながら、京で乱暴狼藉《らんぼうろうぜき》をきわめた源《みなもとの》(木曽)義仲《よしなか》を追討することにあった。さらに義経は、平氏追討を口実に京周辺で強引な兵粮米《ひょうろうまい》徴収を行った東国武士たちも制止している。また、元暦《げんりやく》元年七月、伊賀・伊勢を中心に大規模な蜂起を惹起《じやつき》し、さらに潜伏して貴族たちを戦《おのの》かせた平氏一門の残党を鎮圧し、京の治安を守った。そして、短期間で平氏を滅亡に追い込み、京を戦乱と飢饉《ききん》から救ったのも義経だったのである。

いわば義経こそは、戦乱で荒廃した京の救世主にほかならない。だからこそ「義士」と称賛され、武勇と仁義の名声が長く残ると評価されたのであり、その名将が悲劇的末路を辿《たど》ったことこそ、数多の伝承を生成する基盤となったのである。

義経については、二〇〇五年度における一種の「大河ドラマ」効果で、数多の著作が公表された。多くの真摯で有益な研究によって義経の実像はかなり明らかになった。史料批判が大きく前進し、『平家物語』や『吾妻鏡《あずまかがみ》』の記述に対する疑念も提起され、史実の義経像がかなり浮き彫りにされてきたのである。

それでも、重要な点でいまだ判然としない点はいくつか残る。平氏追討の英雄義経が、頼朝の抑圧を受け、劇的な没落を余儀なくされたのはなぜか。その細かい経緯は十分解明されたわけではない。また、頼朝追討挙兵に際し、京の英雄であったはずの義経に味方する者がほとんどなかったのはどうしてであろうか。圧倒的な勝利を獲得し、治天《ちてん》の君《きみ》や荘《しよう》園《えん》領主に称賛を受けた武将が、味方する者もなく没落、滅亡を余儀なくされたという事態は、簡単に説明される問題ではない。

さらに、清盛没後の平氏と後白河との関係、頼朝と義仲、平泉《ひらいずみ》藤原氏といった地域権力相互、そしてそれらと朝廷との関係など、義経の立場や活動を検討する上で、包括的な政治史の把握も不可欠であろう。とくに、対立と協調の間で微妙な揺らぎをみせる後白河・頼朝関係の再検討は不可欠と考えられる。

本書は、義経を中心とする人間関係を通して上の課題に迫り、さらには鎌倉幕府の成立についても考えなおす手掛かりを得たいと考えている。分析の中心は、やはり義経が歴史の表舞台で華々しく活躍し、多くの史料に登場した在京の間、そして運命を暗転させた挙兵にいたる時期となる。この間の彼の活躍と、それに関係した人々について分析を加えることにしたい。

何よりも、義経論の盛行によってもたらされた豊穣な成果に学びながら、残された課題を解明するとともに、義経論を通して得られた、当時の政治史に関する新たな論点を提示することを目指したいと思う。

次に、本論に先立ち、義経登場の前提となる当時の政情についてふれておこう。

## 内乱の幕開け

源平争乱はいつ始まったのか。『吾妻鏡』の言うように、源頼政《みなもとのよりまさ》と組んだ以仁王《もちひとおう》挙兵、そしてその影響を受けた頼朝の挙兵からなのか。たんに源平争乱を源平という武士の抗争を見ればそうなるかもしれない。しかし、国家権力が分裂し、寺社はもちろん、王家・貴族などの諸勢力をも巻き込んだ内乱と理解するならば、見方は異なる。

その画期は、治承三年十一月。いわゆる治承三年政変《じしようさんねんせいへん》に他ならない。平清盛《たいらのきよもり》は後白河院を幽閉、院政《いんせい》を停止して政務の主導権を奪取したのである。そして、翌年には後白河の皇子高倉《たかくら》天皇を退位させ、その皇子で清盛の外孫である安徳《あんとく》天皇を即位させるに至った。守護者として王権に密着してきた武士が、武力によって自身の思い通りにならない王権を強引に改変したのである。

その二〇年あまり前の保元《ほうげん》元年（一一五六）、平安京を舞台にした初の兵乱保元の乱において、王権の分裂、摂関《せつかん》家の没落といった政治構造の劇的な変化が惹起された。絶対的な権力を握った治天《ちてん》の君《きみ》鳥羽院《とばいん》の没後、王家《おうけ》嫡流《ちやくりゆう》だった崇徳院《すとくいん》、摂関《せつかん》家の中心藤原頼《ふじわらのより》長《なが》が敗退し、勝ち残ったのは正当性に疑問のある後白河《ごしらかわ》天皇。その下で政務の主導権を握ったのは院近臣信西《いんのきんしんしんぜい》であった。

しかし、鳥羽院の寵妃《ちょうひ》美福門院《びふくもんいん》の養子として正当な王権の継承者に位置づけられていたのは、後白河の皇子守仁《もりひと》親王、すなわち二条《にじょう》天皇である。即位《そくい》した二条と、院政を目指す後白河との確執《かくしつ》の中で、後白河院政を支える信西と、二条親政《しんせい》を支持する伝統的院近臣勢力が衝突する形で、平治《へいじ》元年（一一五九）平治の乱が勃発《ぼっぱつ》した。その最終的な勝者となったのが、当初は中立だった平清盛《たいらのきよもり》にほかならない。対立する武家棟梁《ぶけのとうりょう》が壊滅したこともあり、彼は国家的な軍事・警察権を事実上独占的に掌握した。

清盛はむろん王権に従属する立場にあった。独自に動員できる武力は、伊賀・伊勢などの重代相伝《じゅうだいそうでん》の家人《けにん》を中心とする僅少《きんしょう》なものに過ぎず、諸国の武士を動員するには院や天皇の命令が不可欠であった。彼は正当王権の担い手である二条天皇に接近していった。ところが、永万《えいまん》元年（一一六五）に二条が夭折《ようせつ》するや、後白河の皇子で、清盛にとっては義理の甥《おい》にあたる憲仁《のりひと》擁立をめざして後白河と清盛は提携する。

清盛の武力によって弱体な王権を補強しようとした後白河は、仁安《にんあん》元年（一一六六）、大臣家《だいじんけ》以上の者や外戚《がいせき》を除けば皇胤《こういん》にしか許されない大臣の地位を清盛に与えた。これは実質的に清盛の皇胤の立場を公認したことになる。清盛は、臣下《しんか》から王権を構成する一員に転じたのである。翌仁安二年、清盛は太政大臣《だじょうだいじん》に昇進、翌年には皇太子憲仁が即位

（高倉《たかくら》天皇）、承安《じょうあん》元年（一一七一）には清盛の娘徳子が入内《じゅだい》、翌年には中宮に冊立《さくりつ》された。後白河と清盛、二人の提携は磐石《ばんじゃく》に見えた。

しかし、安元《あんげん》二年（一一七六）、後白河の寵妃にして高倉の母、清盛の義妹でもあった建春門院《けんしゅんもんいん》が死去するや、要《かなめ》を失った扇のごとく提携関係も解体する。後白河院近臣と平氏の官位をめぐる抗争、そして後白河による成人した高倉の退位工作などから、ついに清盛と後白河の関係は破綻し、翌安元三年の鹿ケ谷《ししがたに》事件において、院近臣藤原成親《ふじわらのなりちか》・西光《さいこう》などが清盛に惨殺された。

親院政派の長男重盛の諫止《かんし》、そして代替の院不在といった事情から、この時はさしもの清盛も後白河の幽閉には至らなかった。しかし、翌年には高倉と徳子の間に皇子言仁《ときひと》親王が生誕、そして重盛が父に先立つや、後白河の度重《たびかさ》なる挑発に憤激した清盛は、ついに王権の中枢に挑みかかったのである。

後白河の幽閉はもちろん、関白藤原基房《ふじわらのもとふさ》の配流《はいる》も空前の事件であった。さらに、清盛は院近臣多数を解官《げかん》、配流に処し、後白河院政の基盤を徹底的に破壊したのである。この結果、清盛は中央政治の実権を掌握するとともに、院や院近臣の有していた多くの知行《ちぎょう》国を奪取し、平氏知行が全国の半ばを越えるに至った。東国《とうごく》でも上総《かずさ》・相模《さがみ》などで知行国《こく》主《しゅ》の交代が惹起された。

武力による王権の改変は、平安時代において初めての出来事であった。それに対する反発が激しかったことは言うまでもないだろう。火の手は王家内部から燃え上がった。治承《じしょう》四年（一一八〇）五月、以仁王と摂津《せっつ》源氏の老雄源頼政の挙兵が勃発する。武力で簒奪《さんだつ》した王権は、当然武力による攻撃にさらされることになる。

以仁王の背景にあったのは、後白河の異母妹にして、鳥羽・美福門院最愛の皇女、そして両親の荘園を一手に継承して当時最大の荘園領主であった八条院《はちじょういん》である。後白河の皇子ながら、後白河に冷遇され、平氏の圧迫を受けて呻吟《しんぎん》した以仁王は、八条院の猶子《ゆうし》となって、彼女の財力・武力による支援を受けた。頼政が支援したのも、彼が八条院に伺候《しこう》していた結果である。

挙兵は短時間で鎮圧された。しかし、これは挙兵計画が早期に露顕《ろけん》した結果であり、挙兵には頼政一族のほか、木曽義仲《きそよしなか》の兄で八条院蔵人《はちじょういんくろうど》の仲家《なかいえ》をはじめとする八条院関係の武士、園城寺《おんじょうじ》・興福寺《こうふくじ》という多くの悪僧《あくそう》を擁《よう》する権門《けんもん》寺院が参加しており、本来はさらに大規模な蜂起となるはずであった。

露顕が遅れ、連携がさらに進行していれば、事態はどうなっていたことか。事件は清盛を震撼《しんかん》させた。権門寺院の攻撃を恐れた彼は、高倉上皇や一門の反対をも押し切って、天皇・上皇を京から長年の拠点福原《ふくはら》に移転させるに至ったのである。

清盛は権力中枢の分裂を鎮圧した。しかし、内乱は地方で一斉に激発することになる。治承四年八月、伊豆で源頼朝が、翌月には信濃で木曽義仲が、そして甲斐《かい》源氏をはじめとする諸国の源氏がこれに続いた。十月、頼朝が富士川《ふじがわ》合戦で平氏追討軍に圧勝するに至り、内乱の火の手は全国に拡大していった。さしもの清盛も、内乱鎮圧と遷都《せんと》の並立を諦め、十一月には福原を放棄し、平安京に還都したのである。

頼朝は、周知の通り平治の乱に父義朝とともに参戦して敗北、父の仇《かたき》平清盛の捕虜《ほりょ》となったが、清盛の継母池禅尼《いけのぜんに》の嘆願で助命され、伊豆に配流されていた。この助命の背景には、上西門院蔵人《じょうさいもんいんくろうど》もつとめた頼朝を庇《かば》う上西門院、その同母弟後白河院《ごしらかわいん》が関係していたとされる。彼の挙兵の背景には、清盛に幽閉されていた後白河の意向も関係したとする説もある。さらに、以仁王の挙兵以降、平氏による源氏の生き残りに対する圧迫が強まっており、結局はそのことが頼朝に挙兵を決意させたという。

とはいえ、頼朝個人がいかなる理由で挙兵を決意しようとも、東国武士の呼応なくしては、挙兵の成功はありえなかったのである。では、東国武士が頼朝の挙兵に呼応したのは何故であろうか。

頼義・義家以来の、河内《かわち》源氏と東国武士との重代相伝の主従関係を重視する説も昔はあった。しかし、一一世紀末における頼義・義家と東国武士との主従関係自体、さほど緊密なものでも永続的なものでもなかった。第一、所領保全や拡大に執着する東国武士が、一〇〇年前の縁故によって命懸《いのちが》けの挙兵をするなどということは全く考え難い。代々乳母《うば》出した山内首藤《やまのうちすどう》氏の経俊《つねとし》のように、文字通りの重代相伝の郎従《ろうじゅう》が頼朝に背《そむ》いたことは、挙兵における去就《きょしゅう》が主従関係と関係しないことを明示する。

むしろ、大きな意味をもつのは、平氏が東国に多数の知行国を獲得し、大挙一門・家人を送り込んだことである。たとえば、頼朝が挙兵した伊豆は頼政の知行であったが、その敗死とともに清盛の義弟時忠《ときただ》の知行に変わった。この結果、平氏側の目代山木兼隆《もくだいやまきかねたか》らが大きな権力を掌握し、平氏家人伊東《いとう》氏や堤権守《つつみごんのかみ》らが国務の実権を握った。頼政の下で在庁《ざいちょう》官人《かんじん》だった北条《ほうじょう》・工藤《くどう》などが排除され、窮地にあったことは、彼らが頼朝挙兵の中心的武力となったことから明白である。

同様の事情は、治承三年（一一七九）政変の結果、院や院近臣の知行が平氏のものとなった、上総・相模でも見られた。在庁官人の中心上総介広常《かずさのすけひろつね》や三浦義明《みうらよしあき》の一族は、平氏の圧力で重大な危機に瀕していたのである。知行国主《ちぎょうこくしゅ》の変更は確認されないものの、平氏側の目代や豪族が勢力を拡大し、千葉氏を抑圧していた下総国《しもうさ》でも、類似した情勢があった。

元来、所領をめぐって武士団が競合・対立し、半ば自力救済《じりききゅうさい》が貫徹していた東国では、平氏側・反平氏側に分裂することで、武士団相互の激烈な抗争という火薬庫に点火されたのである。上総介・千葉・三浦など、反平氏側武士に擁立される形で、頼朝は富士川合戦に勝利する。しかし、流人《るにん》として独自の所領も武士団も持たない頼朝は、坂東《ばんどう》の武士によって担《かつ》がれた存在に過ぎなかったのである。ここに、頼朝が腐心《ふしん》する最大の問題が存在していた。

この激しい内乱の最中、義経は突如として彗星《すいせい》の如《ごと》く登場するのである。

# 歴史への登場

# 義経の周辺――生誕と成長

## 父と母

右大臣九条兼実《くじょうかねざね》は、日記『玉葉《ぎょくよう》』の寿永《じゅえい》二年（一一八三）閏《うるう》十月十七日に「頼朝弟九郎（実名を知らず）」と記した。義経《よしつね》が、貴族の日記に登場した最初である。これは、源義仲《みなもとのよしなか》の院に対する奏上《そうじょう》を伝聞によって記した記述の一部であるが、まだ義経の名は貴族たちに知られてもいなかった。

それはともかく、上洛《じょうらく》を目指した義経は、日記に頻出することになる。義経は歴史の世界に本格的に姿を見せるのである。ここでは、生誕から入京する前までの義経について、おもに人間関係を通して検討を加えることにしたい。

義経は、九郎の名が示す通り、父義朝《よしとも》の九番目の男子、そして男子・女子を含めた末子として、平治《へいじ》元年（一一五九）に生まれた。

義朝は河内《かわち》源氏の当主であり、三年前の保元《ほうげん》の乱では崇徳《すとく》上皇・左大臣藤原頼長《よりなが》に従った父為義《ためよし》や弟たちと袂《たもと》を分かち、後白河《ごしらかわ》天皇、関白《かんぱく》藤原忠通《ただみち》側の中心的武士として活躍した。崇徳上皇・左大臣藤原頼長側に立って謀叛《むほん》人となった父為義や弟たちの処刑という試練を超克《ちょうこく》して、武士として平清盛《たいらのきよもり》に次ぐ地位を手に入れた。しかし、それも束の間であった。義経生誕直後の平治の乱に敗れた義朝は、東国《とうごく》に逃れる途中の尾張《おわりの》国《くに》内海荘《うつみのしょう》で、長年の家人《けにん》であった長田《おさだ》忠致《ただむね》に討たれることになる。

図1　九条兼実（「天子摂関御影」より，宮内庁三の丸尚蔵館所蔵）

義経の母について、鎌倉幕府の公式歴史書である『吾妻鏡《あずまかがみ》』や、鎌倉中期に成立した軍記物語『平治物語《へいじものがたり》』は、「常盤《ときわ》」（常葉）と称する女性であったとする。『平治物語』によると、常盤はのちの九条院、すなわち近衛《このえ》天皇の中宮にして関白藤原忠通の養女呈子に仕える雑仕女《ぞうしめ》であったという。雑仕女とは、貴族や武士といった家柄出身の女房よりも一段階下の、庶民出身であったことを物語る。当然その父母など、世系も不明である。

頼朝の母が、後白河の母待賢門院《たいけんもんいん》、同母姉上西門院《じょうさいもんいん》、そして後白河自身の近臣でもあった熱田宮司《あつたぐうじ》家の藤原季範《すえのり》の娘であったことと比べると、身分の格差は歴然と言える。しかし、彼女との結婚は義朝にとって大きな政治的意味をもった。両者の結婚は、彼女が最初の男子今若《いまわか》を生んだ仁平《にんぺい》三年（一一五三）を大きく遡《さかのぼ》ることはないと考えられる。実は、この仁平三年こそ、義朝にとって画期的な出来事が起こった年であった。

同年の三月二十八日、義朝は下野守《しもつけのかみ》に就任して受領《ずりよう》の地位を獲得したのである。このことは、すでに老齢に達しながら受領に昇進できず、依然として検非違使《けびいし》・左衛門尉《さえもんのじよう》に低迷していた父為義を超越したことを意味した。その背景には、義朝が独自に築いた政治的人脈が関係していたのである。

義朝は、一〇年あまり根拠地としてきた相模《さがみ》国において、同国の知行《ちぎよう》国主美福門院《びふくもんいん》に糟屋・山内荘といった荘園の寄進を通して接近することに成功した。美福門院は院近臣家という低い出自ではあったが、近衛天皇の国母、そして治天の君鳥羽院の寵妃《ちようひ》として大きな権力をふるい、諸国に莫大な荘園を形成しつつあった。彼女に対する接近は、同時に鳥羽院の近臣化をも意味する。したがって、鳥羽・美福門院に近侍した結果、義朝は受領昇進を実現したのである。

このことは、同時に摂関《せっかん》家の中心藤原忠実《ただざね》・頼長と結んでいた為義や弟たちとの決別をも意味した。摂関家の中心忠実・頼長と、美福門院とは鋭く対立していたのである。その一因は、伝統的な権威をもち、身分秩序を維持しようとする摂関家と、逆に院の寵愛を梃《て》子《こ》に家格秩序を破壊しようとする院近臣という政治的立場の相違にもある。しかし、それだけではなかった。

摂関家では摂関の継承をめぐって、兄忠通と弟頼長が対立していた。この背景には、長年忠通の養子として摂関家の嫡男という立場にあった頼長を正当な後継者とする忠実と、康治《こうじ》二年（一一四三）に生誕した嫡男基実《もとざね》への継承に固執《こしゅう》する忠通との間に激しい葛藤が伏在していたのである。忠実・頼長と忠通の関係は、久安《きゅうあん》六年（一一五〇）に決定的な破綻を迎える。

この年、養女多子を近衛天皇に入内《じゅだい》させようとする頼長に対し、忠通は養女呈子を近衛天皇に入内させ、頼長を妨害した。この呈子は、美福門院の養女でもあった。すなわち、

図2　摂関家系図

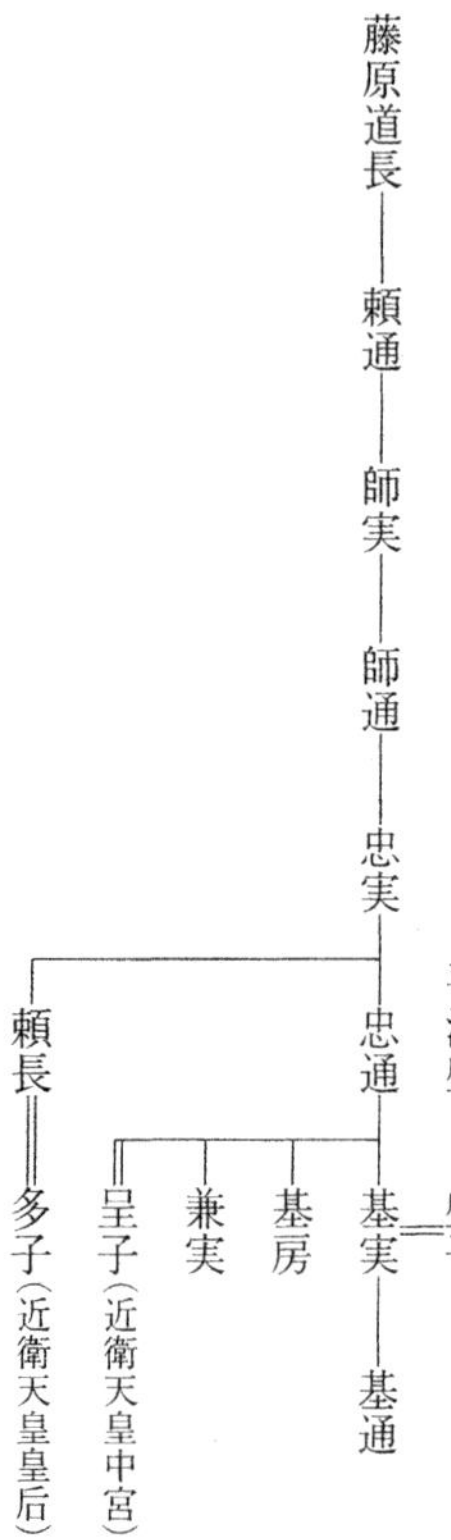


忠通は美福門院らの院近臣勢力と提携し、忠実・頼長に対抗したのである。これが父忠実の憤怒《ふんぬ》を招き、同年九月、忠通は父より義絶を申し渡され、藤原氏氏長者の地位、興福《こうふく》寺《じ》・春日《かすが》社の管理権、そして莫大《ばくだい》な荘園や付随する武士団などを失うことになる。

政界は、忠実・頼長などの摂関家主流と、美福門院や信西《しんぜい》らの院近臣、それと結ぶ関白忠通とに大きく二分された。為義ら河内源氏主力は前者と、そして義朝は後者と結んだのである。雑仕女とはいえ、忠通の養女呈子に仕える女性と結ばれた事実は、義朝が美福門院・忠通側と提携したことと密接に関係していた。いわば常盤は、義朝の政治的立場を象徴する存在だったといえる。

図3　保元の乱における対立（王家・摂関家・源氏・平氏）

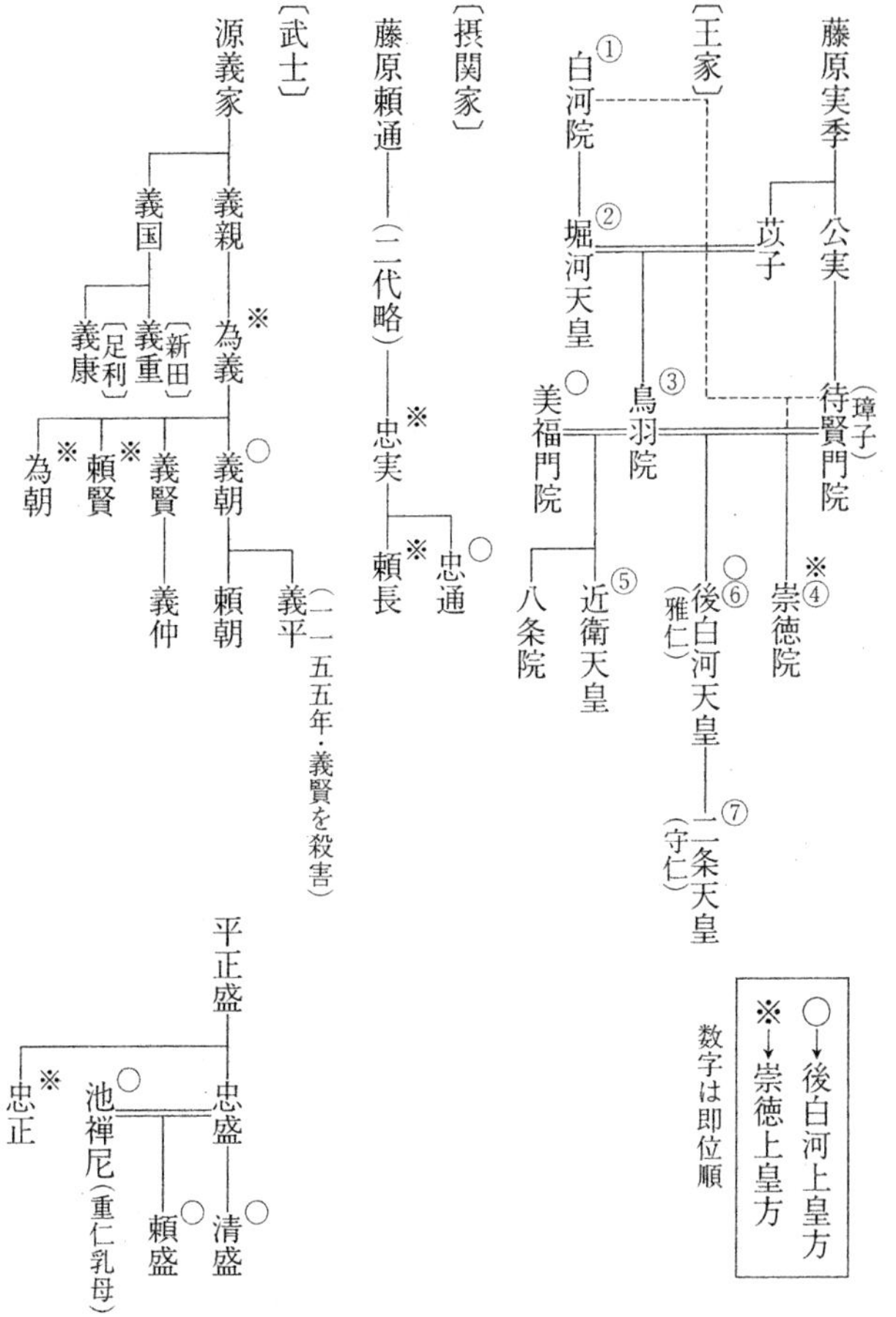

その後、美福門院・忠通側が鳥羽院の支持を得て優位に立つことになる。そして、保元元年（一一五六）七月には、鳥羽院の重病・死去という政治空白を利用した策士信西の謀略により保元の乱が勃発《ぼっぱつ》する。謀叛の嫌疑で追い詰められた頼長は、不遇だった崇徳上皇と急遽提携して挙兵するが惨敗、両者は葬り去られることになる。その勝利に義朝が大きく貢献し、父や弟を処刑したことは周知に属するであろう。

こうした政治的立場を考えれば、身分は低くとも常盤の位置は小さいものではなく、義朝も彼女を寵遇《ちょうぐう》することになる。琴瑟相和《きんしつあいわ》して、相次いで三人の男子に恵まれたのも当然だったのである。

## 兄たち

義経は周知のとおり義朝の九番目の末子として、平治元年（一一五九）に生誕した。この年、義朝は藤原信頼らとともに挙兵し、信西を倒すが、平清盛に敗れて命を落とす。生誕後まもなく義経の運命も暗転したのである。ここで、平治の乱当時の彼の兄たちについてふれておくことにしたい（巻末系図参照）。

勇猛な長兄の義平《よしひら》と、すでに五位に達していた次兄の朝長《ともなが》は、ともに平治の乱に関係して命を落とした。義平は乱後、清盛を付け狙って捕らえられ、処刑された。朝長は逃亡の途中の負傷が原因で、自害したとも父に刺殺されたともいう。

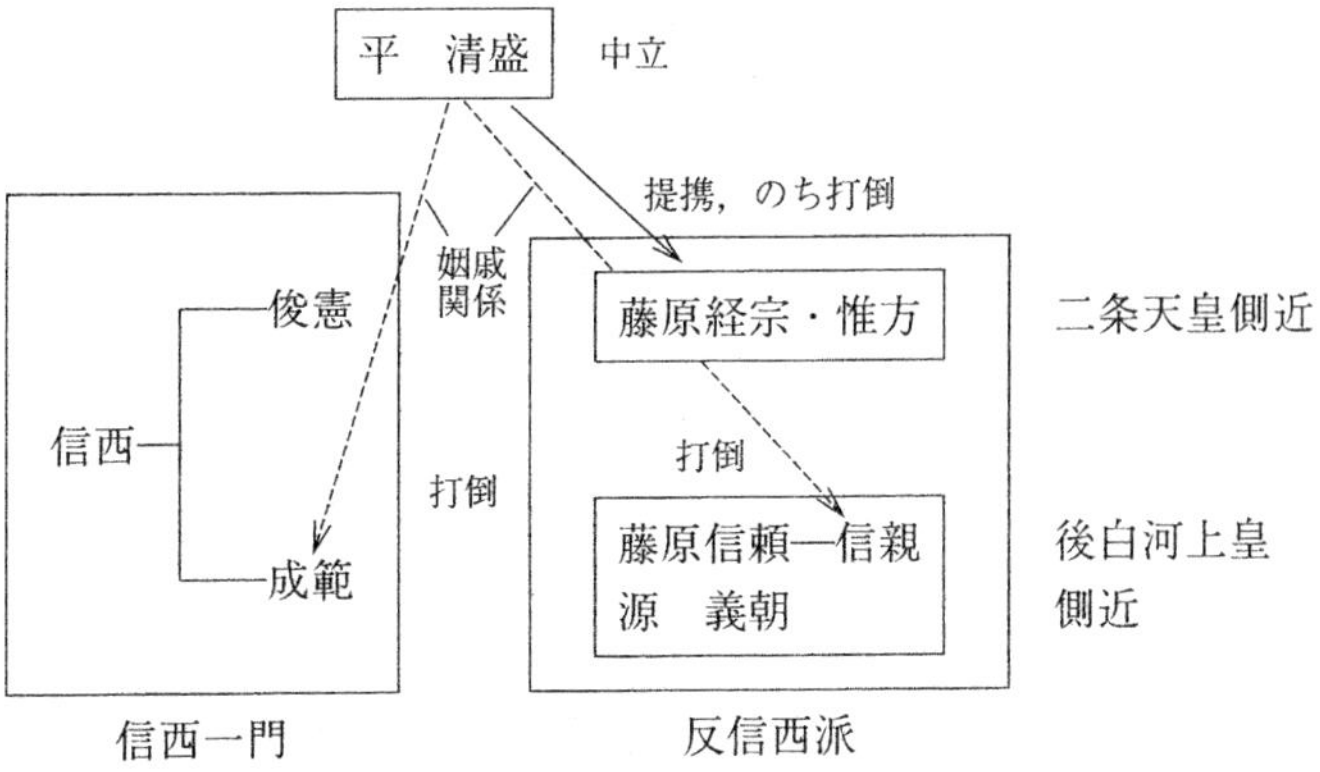


図4　平治の乱における対立

三男の頼朝も、いまだ十三歳とはいえ、戦闘員として乱に臨み、乱中には右兵衛権佐《うひょうえごんのすけ》という嫡男としての官職を得ている。それにもかかわらず、彼は逃亡の果てに捕虜となりながら、清盛の継母池禅尼《いけのぜんに》の嘆願で助命されたことはあまりにも有名である。およそ自力救済《じりききゅうさい》が貫かれる武士社会では、報復、すなわち仇討が最も恐れられる。その連鎖を断ち切るために、戦闘員が処刑されるのは当然の慣習であった。公《く》家《げ》出身とはいえ、武士の妻であった禅尼がこの慣習を破って、強引な嘆願を行った背景が問題となる。

　すでに角田文衛氏らが明らかにしたように、助命の背景には上西門院《じょうさいもんいん》や後白河院がいたと考えられる。頼朝の母が両院の生母待賢門院近臣家の出身であり、父義朝も御白河に近侍した関係から、両院は頼朝を寵遇してきた。頼朝は上西門院の蔵人《くろうど》を経て朝廷の六位蔵人に昇進している。両院は、やはり待賢門院系統の院近臣家出身であった禅尼を通して、清盛に婉曲《えんきょく》に助命を命じたとみるのが妥当であろう。頼朝と後白河との緊密な関係は、源平争乱期の政治史に大きな影響を及ぼすことになる。

そして、頼朝の助命が、その下の弟たちの命も救うことになる。保元の乱において、為義の子供たちが数を尽くして処刑されたのとは大きく異なる結果となった。頼朝の同母弟希義《まれよし》は土佐に配流《はいる》され、常盤が生んだ三人の子供たち、当時七歳だった今若《いまわか》以下、乙若《おとわか》・牛若《うしわか》も出家を条件に命を永らえたのである。

なお、源平争乱で活躍する範頼《のりより》については、平治の乱に関する史料には一切名前が出てこない。彼は遠江《とおとうみ》国池田宿の遊女を母とし、蒲御厨《かばのみくりや》で幼年時代を過ごしたあと、有力貴族である藤原範季《ふじわらののりすえ》の保護を受けたとされる（『玉葉』元暦元年九月三日条など）。範季が庇護を加えたのは、彼が常陸を手始めとして東国の受領を歴任する応保《おうほ》元年（一一六一）以降のこととみられる。したがって、当時は遠江の蒲御厨で密かに養われていた可能性が高く、おそらくは存在そのものも確認されていなかったのであろう。

いうまでもなく、頼朝・範頼と義経とは密接な関係をもつことになるので、彼らとのその後については後述に委ね、ここでは義経と同じ常盤を母とする兄二人の運命について、簡単にふれておくことにしたい。

まず、平治の乱当時七歳だった今若は、醍醐寺《だいごじ》で出家し全成《ぜんじょう》を名乗る。『吾妻鏡』によると、治承《じしょう》四年八月二十六日、石橋山合戦で頼朝が敗北した直後に佐々木兄弟と合流し相模《さがみ》国渋谷《しぶや》荘に至り、十月一日には当時頼朝が滞在していた下総《しもうさ》国鷺沼《さぎぬま》の宿所で対面を果たしている。源氏一門の中で、頼朝と合流した最初の人物であった。

彼は僧ではあったが、頼朝の室政子の妹阿波局《あわのつぼね》の夫に迎えられた。阿波局はのちに実《さね》朝《とも》の乳母《うば》となるなど、鎌倉将軍家の中枢に係わっており、全成と頼朝とはきわめて緊密な関係にあった。異母弟ではあるが、早急に駆けつけた全成を頼朝は信任し厚遇していたことになる。母の身分差が、ただちに弟に対する蔑視や冷遇につながるわけではない。この全成と、少し遅れて頼朝のもとに馳《は》せ参じた義経とは、鎌倉で

図5　藤原範季・河内源氏姻戚関係図

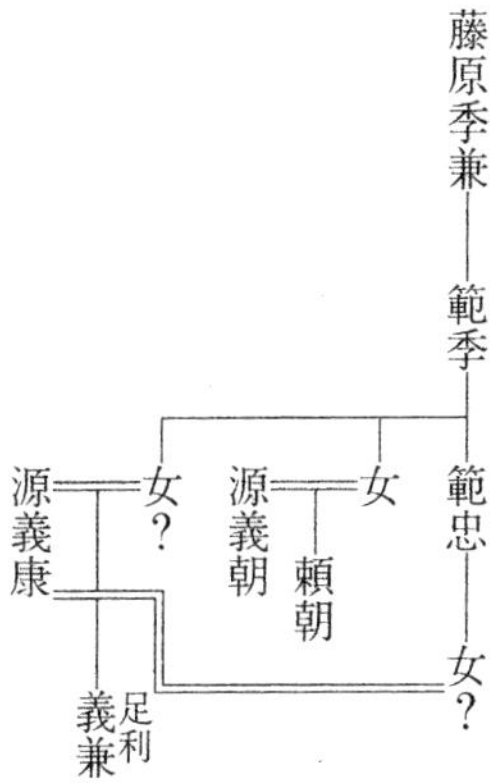

しばしば対面したことであろう。しかし、『吾妻鏡』に両者にまつわる挿話は残されていない。

なお、政子の妹と結婚したためか、義経没落後も全成の立場はまったく動揺せず、そればかりか建久《けんきゅう》三年（一一九二）に千幡《せんまん》（のちの実朝）が生まれると、先述のように室阿波局は乳母に選ばれている。このように、頼朝在世中は優遇された全成だが、それが頼朝没後には仇《あだ》になってしまった。建仁《けんにん》三年（一二〇三）、二代将軍頼家《よりいえ》やその子一幡《いちまん》を擁する比企能員《ひきよしかず》らと、千幡の将軍擁立を図る北条《ほうじょう》一族との対立が激化すると、全成は突如、謀反の疑いをかけられて常陸《ひたち》に配流され、ついで処刑された。おそらくは、頼家や比企一族の謀略に巻き込まれたものと考えられる。

一方、全成の弟義円《ぎえん》は平治の乱当時五歳、園城寺《おんじょうじ》に入って出家し、最初円成《えんじょう》、ついで義円を名乗った。後白河の皇子で園城寺の長吏《ちょうり》となる円恵法親王の坊官《ぼうかん》等をつとめるが、源平争乱期には寺を出奔《しゅっぽん》し、尾張《おわり》にあった。

彼は頼朝と合流することなく、治承五年（一一八一）三月、叔父行家とともに美濃《みの》・尾張の国境にある墨俣川《すのまたがわ》で平氏の追討軍と戦い、敵中深くに進撃して包囲され、戦死を遂げたとされる。勇猛で、猪突猛進する点は弟義経とも共通する面があったと言えようか。それはともかく、義円は鎌倉に下向した形跡がないので、義経は物心ついてから、この兄と対面する機会はなかったことになる。

経緯は異なるものの、常盤が生んだ同母兄弟三人が、いずれも非業《ひごう》の最期《さいご》を迎えたことに相違はなかった。

## 奥州下向

平治の乱後の常盤は、夫の仇敵《きゆうてき》清盛の寵愛を受け、のちに「廊御方《ろうのおんかた》」と称される女子を出産している。彼女は、平氏一門とともに壇ノ浦《だんのうら》まで逃れ、生還後は平清盛の女婿《むすめむこ》でもあった左大臣花山院兼雅《かざんいんかねまさ》の女房となっている。

ついで常盤は一条大蔵卿長成《いちじょうおおくらきょうながなり》の室となり、長寛《ちようかん》元年（一一六三）にその嫡男能成《よしなり》を出産している。この長成は、院近臣として知られる藤原道隆流に属す。父は白河・鳥羽の近臣として内蔵頭《くらのかみ》から参議に至った忠能《ただよし》である。この忠能も、そして常盤との間に儲けた息子能成も三位に昇進しているが、長成は大蔵卿にまで至りながら公卿を逸している。早世《そうせい》したのか、あるいは後白河や平清盛に疎まれたのであろうか。

彼の母は参議藤原長忠の娘で、その姉妹は鳥羽院近臣の従三位藤原忠隆の母となった。この忠隆の子には有力武士と関係深い人物が三人いた。早世したが、平忠盛の女婿となった長男隆教、陸奥守《むつのかみ》を長くつとめ平治の乱後は平泉に居住して藤原秀衡《ひでひら》の岳父《がくふ》となった基《もと》

図6　藤原信頼・長成姻戚関係（院近臣）

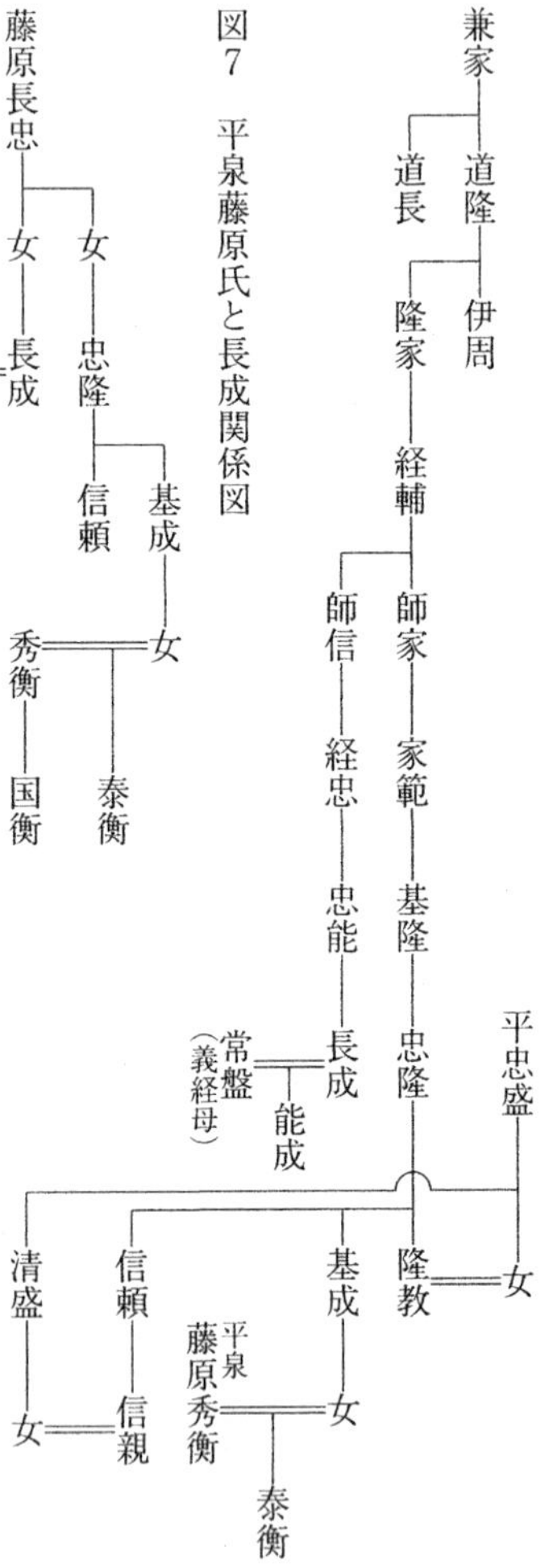


図7　平泉藤原氏と長成関係図

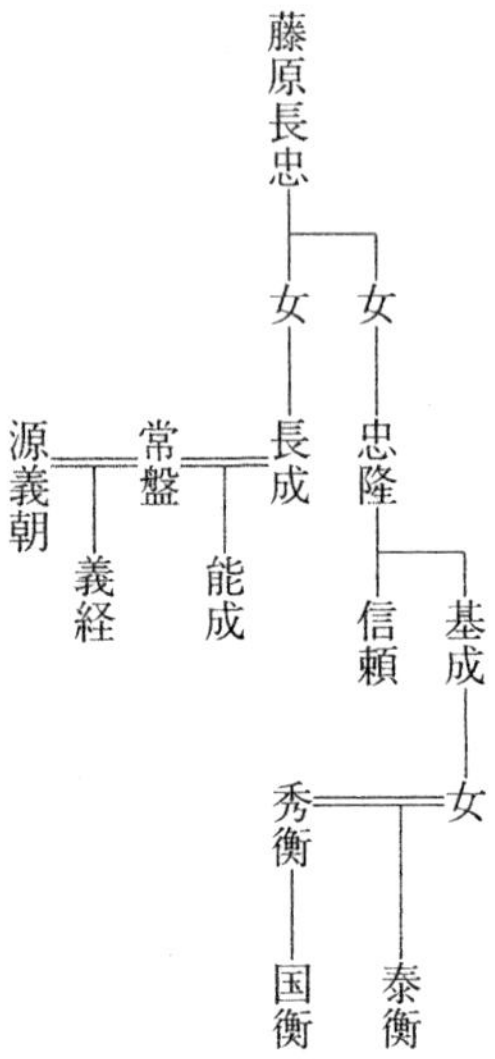


成《なり》、そして平治の乱の首謀者信頼《のぶより》である。

官位は下だが基成は信頼の兄で、康治二年（一一四三）より陸奥守に就任し、一時帰京したものの、弟が惹起《じゃっき》した平治の乱で再度陸奥に配流《はいる》されて、平泉《ひらいずみ》藤原氏滅亡まで平泉で過ごすことになる。彼は、藤原秀衡を女婿に迎えて外孫泰衡《やすひら》を儲《もう》け、秀衡の政治顧問として、そして平泉と京の連絡役として隠然たる影響力を有する存在であった。

平治の乱まで、義経の父義朝は陸奥とは深い関係を有していた。専使《せんし》佐々木秀義を陸奥に派遣し、馬・武具を購入していたのである。信頼はこの陸奥とともに、義朝の勢力基盤の一つ武蔵を知行国としていた。両国を通して、義朝は信頼と密接な提携関係を締結《ていけつ》したと考えられる。当然、長年陸奥守に在任し、平泉に居住した基成とも、義朝は緊密な関係を結んだはずである。ここに基成が、義朝の忘れ形見《がたみ》を招いた一因があった。

義経が奥州に逃れた直接の原因は、彼が出家を拒み平氏との関係が悪化したためだが、平泉逃亡が実現した背景には、角田文衛氏が推測したように、長成と基成との姻戚関係が影響した可能性が高い。『吾妻鏡』治承四年十月二十一日条において、鞍馬《くらま》山にいたころの義経に対する長成の扶持が特記されていることも、その傍証と言える。

一方、受容した藤原秀衡の思惑は奈辺《なへん》に存したのであろうか。入間田宣夫氏は義経を擁立して地域権力、さらには幕府を構築する構想があったとする。たしかに、地方豪族が河内源氏の貴種を擁立して地域権力を構築した例は少なくない。しかし、それらと義経の下向とは同一視することはできないように思われる。

たとえば、足利《あしかが》・新田《にった》の祖となった源義国《よしくに》は、上野《こうずけ》・下野《しもつけ》に基盤を築いたあとも官位を有しており、しばしば京にも出向いていた。南関東に下った義朝や、上野に下った義賢は無官ではあったが、摂関家に仕えて中央で活動する為義を背景に有していた。内乱の混乱の中で急激に台頭した頼朝でも、以仁王《もちひとおう》・後白河の権威を帯びていた。これに対し、義経は十六歳の少年に過ぎず、何ら政治的権威も武力もない無力な存在であるばかりか、謀叛人の子供として平氏との政治的対立を惹起する可能性さえ有していたのである。

また、すでに地域権力として大きな存在となっていた平泉藤原氏にとって、ことさらに貴種を擁立する必要もなかったと考えられる。秀衡にしてみれば、基成の要請を拒み難かった上に、平泉藤原氏成立のきっかけを作った源義家の子孫を保護下に置くことで、むしろ自身の権威を向上させようとしていたのではないだろうか。

こうしてみると、義経の奥州下向は、手厚い庇護のもとで行われた、一種の政治亡命といえよう。「腰越状《こしごえじょう》」に見られる「経廻難治《けいかいなんじ》」といった、若年時代の苦難を強調する文言から、零落《れいらく》の果ての奥州下向《おうしゅうげこう》といった姿を想像する説も有力ではある。さらに、流浪中における盗賊などとの交流から、卑怯とされる奇襲などを体得したという解釈も存する。

しかし、以上のような下向の背景、そして後述するように「腰越状」の史料としての信《しん》憑性《ぴょう》という面を考えあわせると、慎重な検討が必要である。なお、奇襲自体は、自力救済の実戦戦闘の世界にいた東国武士にとって、当然の行為だったのである。

# 鎌倉における義経

### 頼朝との合流

治承《じしょう》四年（一一八〇）十月二十一日、富士川合戦《ふじがわのかっせん》に勝利し、重臣たちの進言《しんげん》で上洛《じょうらく》を断念して駿河国《するがのくに》黄瀬川宿《きせがわじゅく》に入った頼朝《よりとも》を一人の若者が訪ねた。土肥実平らは不審に思い、取り次ぎを躊躇《ためら》ったが、このことを聞きつけた頼朝は、年齢の頃合いから義経《よしつね》と判断し、自身の宿営に招き入れた。二人は、後三年合戦に際し苦戦する兄義家《よしいえ》を支援するために官職をなげうって駆けつけた弟義光の、一世紀前の故事を想起し感涙《かんるい》に咽《むせ》んだという。

『吾妻鏡《あずまかがみ》』が描く、あまりに有名な兄弟対面の場面である。ここから、義経は文学・伝承の世界を離れて、歴史書の世界に登場することにもなる。のちの二人の運命を思えば、感激に満ちた対面の様子は、皮肉で作為的な描写のようにも思われる。しかし、当時の頼朝の立場を考えれば、わずかな郎等《ろうとう》を伴ったに過ぎないとはいえ、弟の到来は心底喜悦すべきものであった。

すなわち、頼朝は一応南関東を制圧し、平氏《へいし》の追討軍を撃退したとはいえ、この段階ではまだ内乱の帰趨《きすう》は不明確であり、先行きの不安は大きなものであった。一人でも多くの支援者を欲するのも当然であった。また、平泉藤原氏に仕えた有力な郎等佐藤兄弟を随行《ずいこう》させていただけに、義経を通して秀衡《ひでひら》との連携も想定した可能性が高い。

また、元来流人《るにん》であった頼朝には、所領やそれに居住する子飼《こが》いの武士団もなかった。彼の下に参集した東国武士は、後述するように独立性が強く、けっして河内源氏《かわちげんじ》の嫡流《ちゃくりゅう》に畏敬《いけい》の念を抱いて、挙兵に呼応《こおう》したわけではない。治承三年政変などで多くの知行国《ちぎょう》を獲得し、大挙東国《とうごく》に進出してきた平氏一門や家人《けにん》たちが東国武士の権益を奪いその存立《そんりつ》基盤を危うくしたことから、東国の平氏方打倒という共通の目的で挙兵したのである。

詳しくは後述するが、富士川合戦後に上総介広常《かずさのすけひろつね》や千葉常胤《ちばつねたね》らが上洛を拒否し、佐竹攻撃を主張したように、彼らは自身の利害を優先し、簡単には頼朝の命令に服そうとはしなかった。彼らを服属させ、統御することは並大抵ではなかったのである。だからこそ、一族の参入は頼朝にとって何にも増して心強いものであったと考えられる。

当時、源氏の一門でも頼朝と合流した者は限られていた。兄弟で参入していたのは先述した僧全成《ぜんじょう》のみで、範頼《のりより》の登場は寿永《じゅえい》二年（一一八三）を待たなければならない。ともに富士川合戦を戦ったとはいえ、甲斐《かい》源氏一門は独立性が強く、警戒を要する存在である。常陸国の八条院領志太荘《しだのしょう》を基盤とする叔父義広《よしひろ》（義憲、あるいは義範とも称した）、一時そのもとに身を寄せていた行家《ゆきいえ》にも、頼朝に協力する姿勢はない。上野の新田義重《にったよししげ》に至っては、義家嫡流を称して自立する有様である。母同士が姉妹、あるいは叔母・姪の間柄とされる下野の足利義兼《あしかがよしかね》が頼朝の陣営に属したと見られる程度に過ぎない。

それだけに、自身の右腕とも頼みうる弟義経の到来を、頼朝は心底歓迎したのである。頼朝も感涙に咽《むせ》んだとする『吾妻鏡』の記述は十分に信憑性があった。事実、富士川合戦後の十二月、頼朝は鎌倉で侍所《さむらいどころ》を開き、御家人《ごけにん》との主従関係を確認した際、足利義兼は御家人とされたが、義経はその中には加えられていない。一門として、御家人とは別格の扱いを受けたのである。

義経は、『玉葉《ぎょくよう》』などの公家の日記にも「御曹司《おんぞうし》」と記されている。文字通り、曹司、すなわち部屋住みの「ご子息」の意味である。しかし、これを義朝のご子息の意味と考え

図8　治承4年の関東地方

るのは、誤りである。すでに上横手雅敬氏が指摘されたように、九条兼実《くじょうかねざね》が両者の関係を「父子之義」（『玉葉』文治《ぶんじ》元年十月十七日条）と述べ、『平家物語』にも「父子の契《ちぎり》をして」（巻十二「土佐房被切」）とあることを考え合わせるならば、義経は頼朝の養子として保護下におかれていたと考えられるのである。

当時の義経には、秀衡《ひでひら》が随行させた佐藤継信・忠信兄弟、軍事的中枢の役割を果たした伊勢三郎義盛《よしもり》（『吾妻鏡』では「能盛」）などの郎等《ろうとう》があった。しかし、頼朝の場合と同様、義経も所領を有しておらず、組織できた郎等の数は限られたものに過ぎない。また、所領のない者は、自立した一人前の武士とはみなされなかった。したがって、義経は頼朝の一門ではあるが、家長にして養父でもある頼朝に完全に従属する立場だったのである。

なお、頼朝に最初の男子頼家が生まれるのは寿永元年（一一八二）であったから、この治承四年当時、まだ頼朝には男子はなかった。したがって、頼朝の養子義経には、場合によっては頼朝の後継者となりうる可能性も存したことになる。いずれにせよ、頼朝に対する従属を余儀なくされた「御曹司」という立場、これが以後の義経の行動や運命に大きな影響を与えてゆくことになる。

## 頼朝との軋轢

鎌倉在住のころの義経を物語る記述は少ないが、『吾妻鏡』から彼の立場を示す有名な逸話を紹介しておこう。

まず、頼朝との劇的邂逅《かいこう》から一年も経たない養和《ようわ》元年（一一八一）七月、鎌倉鶴岡八幡《つるがおかはちまん》宮若宮《ぐうわかみや》の上棟式《じょうとうしき》が行われた際のこと。頼朝は義経に対し、畠山重忠《はたけやましげただ》や佐貫広綱、土肥実平《どひさねひら》らとともに、大工に与える馬を牽《ひ》くように命じた。義経は御家人同等の処遇に不満を示したが、頼朝の怒りに恐れをなして渋々承諾したという。

頼朝の命令に背けない義経の立場を示す逸話である。前年には一門として特別待遇をした頼朝が、ここにきて突如義経を御家人なみに遇した原因は明確ではないが、自身との立場の相違を明示しようとしたことは疑いない。もっとも、のちに上洛軍では代官という重職に任じているところを見ると、両者の齟齬《そご》は一時的な問題だったと考えられる。

この背景を考える上で、直前の六月に勃発した横田河原合戦《よこたがわらのかっせん》に注意する必要がある。これは、頼朝の従兄弟である木曽義仲《きそよしなか》が信濃国の横田河原において、北陸道の平氏方の中心城助職《じょうすけもと》に大勝した合戦である。これによって城氏は劇的に没落し、北陸道一帯で反平氏挙兵を誘発することになる。いわば、東海道における富士川合戦と同様の意味を有する合戦と言える。鎌倉にあって停滞の感を与える頼朝に対し、義仲の躍進を印象付ける面もあ

図9　鶴岡八幡宮境内

ったと考えられる。

頼朝は、御家人の間に動揺が生まれ、義仲の陣営に走る者が出ることを警戒したことであろう。すでに甲斐源氏の一部は横田河原合戦に参加し、義仲と結ぶ動きを示している。あえて義経を御家人なみに扱うことは、自身の権威を示し、河内源氏内における嫡流と庶流《しょりゅう》の相違を印象付けたものと考えられる。このことは、とりもなおさず、頼朝と義仲との格差をも印象づけようとするものであった。

この横田河原合戦に関してもう一つ忘れてならない出来事は、合戦後に在庁官人の報復を受けて越後から陸奥《むつ》国会津《あいづ》に逃れた助職を、藤原秀衡が軍兵を遣わして襲撃し、所領を奪ったことである。この会津攻撃は、彼が近隣に対する領土的野心を有したことを物語る。当然、頼朝にも深刻な脅威を与えたはずである。平泉藤原氏問題が、義経に大きな影を投げかけたのは言うまでもない。

秀衡率いる平泉藤原氏は、一貫して頼朝にとって重大な脅威であった。頼朝は建久《けんきゅう》元年（一一九〇）にいたるまで、再三の後白河の要請にもかかわらず上洛を回避している。その前年である文治《ぶんじ》五年（一一八九）に平泉藤原氏を滅亡させ、はじめて上洛が実現したことから考えても、あえて上洛しなかった大きな原因が、平泉藤原氏の脅威にあったことは明白である。むろん、秀衡は孤立主義を保ち、中央の戦乱に加わろうとはしなかったが、そのことを頼朝が知るよしもない。おそらく、義経の参戦後も立場を明確にしない秀衡に対し、不信感を募らせていたものと考えられる。

秀衡の領土的野心に対する警戒に加え、養和元年八月には、さらに頼朝を慄然《りつぜん》とさせる出来事が起こった。秀衡が、平宗盛《たいらのむねもり》の差《さ》し金《がね》によって、陸奥守に補任されたのである。いうまでもなく、国守は中央貴族が任命される官職であり、これまで平泉藤原氏がいかに強大化していても、受領は中央から派遣されてきた。ところが、その原則は破られたのである。かかる破格の人事が行われた背景には、秀衡を優遇し、頼朝追討を実行させようという宗盛の意図が存した。この時、越後守には惨敗を喫したばかりの城助職が補任され、義仲追討を命ぜられている。

近隣に対する領土的野心をもち、平氏から破格の抜擢《ばってき》を受けた秀衡を、頼朝が強く警戒するのも当然であった。かくして、寿永元年（一一八二）四月、頼朝は江ノ島弁天《べんてん》に高雄《たかお》山の文覚上人《もんがくしょうにん》を招き、藤原秀衡を調伏《ちょうぶく》するに至ったのである。この儀式には、足利義兼・北条時政《ときまさ》・新田義重・畠山重忠・上総介広常・三浦義澄《よしずみ》以下、一門や主要御家人の多くが列席したが、さすがに義経の名は見られない。

義経の思いは不明だが、秀衡に養育され、その腹心佐藤兄弟を随行させていた義経が苦境に立たされたことは言うまでもない。その名が見えないことは、間接的に彼の置かれた厳しい状況を物語るものである。

さらに、同じ年の八月、頼朝は妻政子との間に三六歳にして待望の長男を得る。のちの頼家である。実子の誕生は、頼朝の養子という立場にあった義経に、後継者問題をめぐる暗い微妙な影を落とすことになる。

## 義経と軍事行動

『吾妻鏡』養和元年十一月五日条によると、義経は平氏迎撃のために遠江《とおとうみ》に出撃している。これが、頼朝の命による義経最初の軍事行動である。平維盛《これもり》らが追討使として関東に向かったという風聞《ふうぶん》に対応する行動であった。義経の名は足利義兼の次に挙がっており、土肥実平・土屋宗遠《つちやむねとお》・和田義盛《わだよしもり》らの相模《さがみ》武士とともに出陣したとされる。

この次に義経の行動が確認されるのは、寿永二年閏十月、すなわち京に向けての出立である。むろん『吾妻鏡』の欠落もあるので簡単に断定はできないが、義経が東国における合戦に参戦した記録は残っていないことになる。

義経が鎌倉にいた間、すなわち治承四年十月から寿永二年閏十月までの約三年間に発生した大規模な合戦というと、一つは富士川合戦直後の治承四年十一月における常陸の佐竹氏に対する攻撃、もう一つは寿永二年(『吾妻鏡』は養和元年とするが、石井進氏の研究により寿永二年とされる)閏二月における、頼朝の叔父志太義広の挙兵である。

前者の攻撃対象となった佐竹一族は、常陸国の奥七郡を支配する大豪族であった。本来は源義光の系譜を引く源氏一門だが、当時は平氏の家人という立場にあり、平泉藤原氏とともに頼朝に対する北方の脅威ともなっていた。富士川合戦に勝利し、平氏を追走して上洛を目指した頼朝を、上総介広常・千葉常胤・三浦義澄らが制止し、矛先《ほこさき》を佐竹に向けさせたという『吾妻鏡』の記述(十月二十一日条)は周知に属するであろう。

上総介・千葉が佐竹攻撃に固執《こしゅう》したのは、単に佐竹氏が平氏方であったというだけではなく、所領をめぐる対立が存したためである。下総国《しもうさ》にある伊勢神宮領相馬御厨《そうまのみくりや》（御厨は事実上神宮領荘園を意味する）は、かつてその帰属をめぐって上総介・千葉両氏が抗争し、頼朝の父義朝の調停で分割されたという経緯が存した。ところが、平治《へいじ》の乱後、この所領は平清盛と結ぶ佐竹一族の義宗によって奪取されてしまったのである。

当然、上総介・千葉両氏は佐竹氏に対する報復を目指すことになる。彼らが佐竹攻撃を主張したのはこのためであったし、事実、合戦においても上総介広常が冒頭で佐竹義政を殺害、ついで佐竹蔵人を籠絡《ろうらく》して攻略の中心となるし、常胤も御家人の筆頭に名を連ねている（十一月二・五日条）。軍事行動に際して、自力救済的な原理が機能していたこと、さらに合戦の主導権が東国武士に存した事もわかる。

一方、義広の挙兵は、逆に頼朝が攻撃を受けた事件であった。義広は頼朝の叔父で、保元《ほうげん》・平治の乱に参戦せず、八条院領志太荘の荘官として常陸南部に大きな勢力を有していた。挙兵の背景には、後述するように義仲との連携があったと考えられる。またこの挙兵は、直前の二月二十八日に、平氏の侵攻を警戒して和田義盛・岡部忠綱《おかべただつな》らが遠江に下向《げこう》した間隙《かんげき》をついた行動でもあった。

『吾妻鏡』閏二月二十日条によると、義広が常陸から下野に向かったため、頼朝は付近にいた小山朝政《おやまともまさ》と下河辺行平《しもこうべゆきひら》らに迎撃を命じている。合戦は小山一族の活躍で勝利を収めるが、そのほかに援軍として参戦したのは八田《はった》・宇都宮・小栗《おぐり》・湊庄司といった地元の武士たち、それに史料に初めて姿を見せる源範頼であった。

緊急事態だから当然ではあるが、ここに登場するのも大半は戦闘に関係した地域の武士たちである。範頼も小山氏と関係を有しており、地域と関係する存在とみてよい。『吾妻鏡』閏二月二十三日条の記述によると、範頼は御家人を指揮する大将ではなく、援軍の一人に過ぎず、合戦の主導権はあくまでも小山氏にあった。

こうしてみると、この段階の関東における軍事行動では、基本的に私的利害が関係する東国武士が合戦の中心となるとともに、その主導権を握っていたことになる。のちの平氏追討のように、頼朝が弟たちを自身の代官に任じ、東国武士たちを統括する体制は出来上がっていなかったことになる。

東国武士は、基本的に自身の所領保全・拡大を目的に行動し、自力救済的な行動をとる存在であったことは先述の通りである。そして、彼らが頼朝の挙兵に呼応したのも、けっして河内源氏の当主を尊崇したためではなく、平氏による所領や権益の侵害に反発した結果にほかならない。このような東国武士が頼朝の統制に容易に服さず、自分本位の合戦を主導するのも当然と言える。

逆に、東国の地域、所領の保全や拡大と直接的な関係のない軍事行動の場合、こうした体制は根本的な改変を余儀なくされることになる。その意味で、義経の初出撃が平氏に備えたものであったことは象徴的と言える。養和元年の出撃は、結局、平氏の攻撃が噂だけだったために、義経は空しく鎌倉に帰還することになる。彼が本格的に出撃するのは、寿永二年閏十月のこと、その切っ掛けを作ったのは木曽で挙兵し、京に攻め入った源義仲であった。

# 義経の出立

義経が鎌倉を出て上洛する原因を作った源義仲《よしなか》、いわゆる木曽義仲の行動と政治的立場について、簡単にふれておくことにしたい。

## 木曽義仲

彼は久寿《きゅうじゅ》元年（一一五四）に生まれた。父義賢《よしかた》は為義《ためよし》の次男、義朝《よしとも》の弟である。義朝が無官のまま東国《とうごく》に下ったあと、東宮体仁親王《とうぐうなりひとしんのう》（近衛《このえ》天皇）を警護する東宮帯刀先生《たちはきのせんじょう》という重要な官職に補任されており、この時点では河内《かわち》源氏の嫡流を継承すべき立場にあったと考えられる。しかし、のちに事件を起こして解官され、仁平《にんぺい》三年（一一五三）頃に上野《こうずけ》国に下向《げこう》し、さらに武蔵《むさし》国の豪族秩父《ちちぶ》重隆の養君となって武蔵進出の動きを見せていた（『延慶本平家物語』）。したがって、義仲は武蔵国で誕生したとされる。

仁平三年は、先述のように義朝にとって生涯の大きな転換点となった年であった。彼は常盤《ときわ》との間に第一子今若（全成《ぜんじょう》）を儲《もう》けているが、このことは常盤の主君呈子の養父藤原忠通《ただみち》や美福門院《びふくもんいん》と義朝が政治的に提携したことを意味する。その結果、下野守《しもつけのかみ》に就任して官位面で父為義を凌駕《りょうが》したのである。義朝と、父為義や弟たちとの政治的対立は決定的となった。したがって、義賢の上野《こうずけ》国下向には、彼を義朝に対抗させようとする為義や、その主君藤原忠実・頼長らの意向がはたらいていたものと考えられる。

しかし、義賢は呆気なく滅亡してしまった。義仲生誕の翌久寿二年（一一五五）八月、武蔵国比企《ひき》郡の大蔵館《おおくらのたて》において義朝の長男義平の襲撃を受け、義賢は秩父《ちちぶ》重隆もろともに殺害されてしまったのである。事件の背景には、武蔵における河内源氏相互の勢力争い、相模の三浦一族と武蔵の秩父一族という武士団相互の対立、そして頼長以下の摂関《せっかん》家に従属する義賢と、美福門院や院近臣《いんのきんしん》に従う義朝・義平側との政治的対立などが存したと考えられる。そして、この過去が、義仲と頼朝との対立を宿命づけたのである。

幼くして父を失い、木曽に逃れた義仲であるが、京との関係が全くなかったわけではない。兄仲家《なかいえ》は八条院の蔵人《くろうど》となって上洛しており、治承四年五月の以仁王《もちひとおう》挙兵に参戦し無念の戦死を遂げている。したがって、八条院や以仁王との関係を有していたことになる。

彼は九月に頼朝に続いて木曽で挙兵するが、その背景には頼朝への対抗意識もさることながら、八条院の猶子《ゆうし》以仁王の令旨《りようじ》が大きな意味をもったのではないだろうか。

菱沼一憲氏の研究によると、義仲の基盤は木曽よりも、むしろ滋野氏をはじめとする西信濃や、八条院の判官代《ほうがんだい》であった矢田義清《やたよしきよ》に代表される東上野にあったとされる。義清の存在は八条院との連携を窺わせるものと言えよう。先述のように、治承《じしよう》五年（一一八一）六月の横田河原合戦《よこたがわらのかっせん》で越後の城助職《じようすけもと》を打倒して自ら越後に進出するとともに、北陸道一帯の反乱状態を惹起《じやつき》するに至ったのである。

さらに、翌寿永《じゆえい》元年には、平氏のもとを逃れた以仁王の皇子北陸宮を保護下に置き、以仁王挙兵を継承する立場を明示した。しかも、京の重要な食料供給源である北陸に強い影響をふるっただけに、平氏に与えた脅威は頼朝をはるかに凌《しの》ぐものであった。あたかも、承平《じようへい》・天慶《てんぎよう》の乱において、京の生命線ともいうべき瀬戸内海を制圧した藤原純友《ふじわらのすみとも》と同様の存在となったのである。宮田敬三氏が指摘したように、兵粮《ひようろう》を確保したい平氏は、再三北陸道に無謀な遠征を行い、その度に敗退を繰り返すことになる。

義仲の名声が高まるにつれ、義仲側に参戦する武士も多くなる。もともと八条院の蔵人であった行家が義仲に身を投じたのをはじめ、やはり八条院領常陸国志太《しだ》荘荘官義広も頼朝打倒の兵を挙げ、敗れると京に逃れて義仲に合流している。義広・行家はともに八条院と関係を有しており、兄が八条院蔵人であった義仲に親近感をもつのは当然であるが、同時に寿永二年（一一八三）正月段階において、義仲が頼朝を凌ぐ名声と権力を有していたことも関係するのであろう。

かくして、同年夏、義仲は礪波山《となみ》・篠原の二つの合戦で、平氏が最後の力をふりしぼった北陸道遠征軍を粉砕した。圧勝に勢いづいた義仲は、疾風枯れ葉を巻くがごとく沿道の武士たちを糾合《きゅうごう》して一気に入京を果たし、平氏を都落ちに追い込んだのである。

上洛した義仲に対し、後白河は勲功《くんこう》第一を頼朝とし、義仲を第二とした。元来、院近臣であった頼朝を河内源氏の嫡流とみなし、存在さえも知らなかった義仲を代官《だいかん》扱いにした結果である。当然、後白河と義仲との関係は険悪になる。おまけに、寄せ集めで統制不十分の義仲軍は、ただでさえ食料不足に苦しむ京で兵粮を求めて略奪を繰り返した。

さらに、義仲は擁立してきた北陸宮の即位を後白河院に強要した。これは治天の君の権限の侵犯であり、尊成《たかなり》親王（後鳥羽《ごとば》天皇）の擁立《ようりつ》を図る後白河院との対立は決定的となった。それればかりか、この強引・傲慢《ごうまん》な行動は、以仁王を猶子としていた八条院の反発をも買ってしまった。おまけに、肝心の平氏追討でも、備前水島《びぜんみずしま》の合戦で大敗して有力武将の矢田義清を失うなど、散々の体たらくであった。

こうなっては後白河と義仲の関係は修復困難となり、院は頼朝に救援を求めることになる。寿永二年十月、後白河は「十月宣旨《せんじ》」を下して頼朝の立場を公認し、彼に東海・東山道の荘園・公領の年貢・官物の京上と、違反者に対する取り締まりを命じたのである。

当初、頼朝が望んだ北陸道は、後白河が義仲を恐れたために除外された。この結果、義仲を頼朝の代官に位置づけ、頼朝こそが武門源氏の嫡流であることを公認させようという頼朝の意図は実現しなかった。しかし、頼朝は義仲の妨害で解消されなかった謀叛人の立場を脱し、同時に東国における軍事・警察権を掌握したのである。

これが、頼朝に対して上洛を促進する方策であったことは言うまでもない。頼朝は自ら動かず義経を京に派遣することになる。こうして義経の出立《しゅったつ》の時が、そして本格的な史料への登場の時が来たのである。

## 鎌倉出立

本章の冒頭に記したように、上洛の途についたことで、義経は貴族の日記にも登場することになる。彼が頼朝の代官として京に向かった原因は、単に弟として権威を有していたといったことにあったのではない。これまで述べたように、自身の所領と関係しない行動に東国武士は消極的であったから、進んで上洛しようとする東国武士などいなかったのである。したがって、お鉢は義経に廻《まわ》らざるを得なかった。

随行したのが東国武士ではなく、京下の官人中原親能《なかはらのちかよし》であった点も、このことを裏付ける。親能は大江広元《おおえのひろもと》の兄で、明法博士《みょうぼうはかせ》中原広季《ひろすえ》の子とされるが、実父については後白河の近臣藤原光能《みつよし》とする説もある。彼は、村上源氏の公卿《くぎょう》で前権中納言《ごんちゅうなごん》の源雅頼《まさより》に仕えていたが、頼朝の「知音《ちいん》」（友人）であったことから、通謀を疑われて東国に下っていたのである。朝廷との連絡役としては最適であった。とはいうものの、東国武士の十分な協力が得られないことから、彼らが統率できたのは僅《わず》か五〇〇騎程度でしかなかった。

京で噂を耳にした兼実は、義経の役割について種々の憶測を記した。すなわち、院に対する供物の使者、あるいは十月宣旨を諸国に伝達する使者等々で、義仲追討軍とは記していない。人数を考えれば追討は困難で、あるいは偵察を目的としていた可能性もある。小人数を引き連れて上洛する義経には、義仲追討といった栄光より、危険な任務を背負わされた印象の方が強い。しかし、直接に兄の圧力を受け、平泉藤原氏との関係を疑われ続けた鎌倉を離れることに、大きな解放感も感じていたことであろう。

ちなみに、『吾妻鏡』に従うと、義経はこののち二度と鎌倉に入っておらず、頼朝と義経は永遠の別離を遂げたことになる。しかし、『延慶本平家物語』などでは、壇《だん》ノ浦《うら》合戦後に平宗盛《むねもり》以下の捕虜を連行した義経は、頼朝と対面したことになっている。この点については後述に委ねよう。

『玉葉』の十一月七日条によると、義経らはすでに近江《おうみ》に到着していたとされる。しかし人数は依然五〜六〇〇騎程度で、義仲を打ち破って入京することなど、とうてい困難であった。十月宣旨が出されたところで、頼朝が実際に支配していたのは、伊豆・相模・武蔵・安房《あわ》・上総・下総の南関東六ヵ国と、不安定ながらも影響力を及ぼしていた上野・下野両国のせいぜい八ヵ国程度であった。駿河以西の国々の武士が、名目に過ぎない宣旨に簡単に従うことはあり得ない。

事実、富士川合戦では頼朝に協力し、遠江を実質的に支配していた甲斐源氏の安田義定も、義仲とともに入京してその配下に加わり、遠江守に補任される有様であった。義仲が人望を失いつつあるとはいえ、諸国の武士がにわかに頼朝の使者に協力するはずもない。頼朝の軍事的勝利がなければ、十月宣旨は実質的な効力を伴わないのである。

その後、義経を支援するために範頼の軍勢が上洛の途につく。この軍勢を、義仲追討のための大軍とする解釈が一般的である。しかし、後述するように、京から一ノ谷《いちのたに》合戦に向かった頼朝軍が、全部で二〜三〇〇〇騎とされたことから考えて、範頼が率いた援軍もさほどの大軍であったとはとうてい考え難い。

当時の頼朝は、上総介広常が上洛に反対したとする、『愚管抄《ぐかんしょう》』の有名な逸話からも窺われるように、依然として東国武士を自由に動かすことはできなかった。また、常陸・北関東を巻き込んだ志太義広や足利忠綱の反乱の余燼《よじん》も簡単に収まりはしなかったであろうし、平泉藤原氏の脅威も依然として継続していた。このことは、頼朝自身が鎌倉を出立できなかったことからも明白と言えよう。すなわち、まだ東国自体が不安定で、大軍を長期にわたる遠征に送り出す余裕もなかったのである。

結局、義経は閏《うるう》十月中に伊勢に到着したが、その後一ヵ月にわたって美濃・近江付近を転々とする有様であった。あるいは、付近の武士たちの組織化につとめていたのかもしれない。しかし、有効な手だてもないまま、悪化の一途をたどる京の政情を、呆然と眺めるばかりだったのである。

義仲との対立を深めた後白河は、義経の援軍の入京を待たないまま、ついに十一月半ばには義仲との対決を決意する。かくして、治天の君後白河と、一介の武士木曽義仲が全面衝突する法住寺合戦が勃発することになるのである。

京で孤立を深めた義仲は、後白河が頼朝に十月宣旨を下したことを「生涯の遺恨」とまで称して院に対する不満をあらわにした。これに対し、後白河は行家《ゆきいえ》以下の武士を組織化し義仲を警戒するに至った。

すでに浅香年木氏が指摘したように、義仲は上洛の際、「相伴源氏」と称される京周辺を拠点とする軍事貴族（京武者）を多数組織化している。その顔ぶれを知る注目すべき史料がある。それは、当時参議《さんぎ》であった吉田経房《つねふさ》の日記『吉記《きつき》』の寿永二年七月三十日条、すなわち院命によって義仲が有力武将に京中の警備を分担させた記事である。

これによると、摂津《せつつ》源氏の頼政《よりまさ》が長年内裏《だいり》警護役である大内守護を勤仕してきた伝統を継承して、頼政の子（頼兼か）に大内を警備させたほか、京の周辺を高田重家・葦敷重隆ら武門源氏満政《みつまさ》流の武将たち、美濃源氏の光長《みつなが》、甲斐源氏の安田義定《やすだよしさだ》、近江源氏の山本義経《やまもとよしつね》らに分担させ、法住寺殿のある五条以南の鴨川《かもがわ》東岸を叔父行家に委ねた。そして、最も重要な「九重《ここのえ》」、すなわち左京を義仲自身が守護している。

## 法住寺合戦の影響

しかし、ここで名前の挙がった総勢一二名の武将たちの中に、義仲子飼いの武将の名は見えず、同盟軍的な軍事貴族たちの名前が列挙されている。義仲・行家、そして甲斐源氏の義定などを除くと、他の武将たちの多くは北面《ほくめん》・衛府《えふ》・検非違使《けびいし》などとして京で活躍してきた京武者たちであった。京武者たちは、主として京や畿内の周辺に所領をもち、五・六位の官位を帯びて京の政界に政治的地位を有し、院や摂関家に近侍する源氏・平氏・秀郷《ひでさと》流藤原氏などの武士である。義仲軍が、こうした京武者層に大きく依存していたことが窺われるのである。

京武者には、保元・平治の乱、ついで源平争乱によって淘汰《とうた》された者もいたが、平氏都落ちによって息を吹き返し、義仲とともに入京してきた。元来、多くは院に近侍していただけに、院や朝廷に対して忠実であり、後白河と義仲とが対立すると、当然のように院に接近していったのである。その中心として、後白河の腹心《ふくしん》となったのが、治承四年に以仁王令旨を諸国に配布した行家であった。

ところが対立が激化する最中の十一月八日、行家はわずか二七〇騎を率いて平氏追討に下向していった。兼実は人数の少なさに驚いているが、先述の吉田経房によると、河内源氏の傍流石川源氏などを組織し、三〇〇〇騎程度に肥大化する見通しであったという。当時の源氏武将の、直属軍と同盟軍との比率を物語る興味深い記事である。

それはともかく、何故行家は大事な局面であえて京を出たのだろうか。義仲に対する恐怖も多少あったのかもしれないが、もちろん本来の目的は平氏を追討して義仲を出し抜くことにあった。しかし、彼は十一月末、播磨《はりま》国の室津《むろつ》付近と考えられる室山《むろやま》合戦で平重衡らに大敗し、命からがら和泉《いずみ》国に逃亡する結果に終わった。なお、行家は熊野《くまの》と関係深かったことから、京と熊野を結ぶ交通路にあたる和泉に拠点を有したのであろう。

　行家不在にもかかわらず、後白河は義仲に対して強硬な態度を貫いた。すでに多くの京武者や悪僧を動員したこと、また義経率いる頼朝軍の迅速な救援を信じていたためかもしれない。法住寺《ほうじゅうじ》殿の周辺に濠《ほり》を掘り、逆茂木《さかもぎ》を設けるなどして防御を固めた院は、義仲を挑発し続けた。かくして、十一月十九日、両者は全面衝突を遂げたのである。

　当初人数の点では後白河側が凌駕していたが、義仲は小勢ながら「はなはだ勇たり」とみなされていた。それを恐れたのか、院側から脱落者が相次ぎ、結局勇猛な義仲の攻撃の前に院側はあえなく惨敗、救援に駆けつけた天台座主《てんだいざす》明雲《みょううん》、園城寺《おんじょうじ》長吏《ちょうり》で後白河の皇子円恵法親王《えんけいほっしんのう》も殺害され、美濃源氏光長らも戦死するに至った。そして後白河は幽閉され、院政停止には至らなかったが、義仲の言いなりになることを余儀なくされたのである。

　義経も、そして鎌倉の頼朝も、後白河と義仲との対決を拱手傍観《きょうしゅぼうかん》するばかりであった。後白河は義仲の手中に取り込まれ、義仲は形式的には後白河の正当性を背景に行動する立場を得たことになる。しかし、この義仲の性急な行動は、逆に義仲の運命を決めた。京武者たちは一斉に義仲に反発、上洛を目指す頼朝軍に合流してゆくことになる。彼らの協力を得て、はじめて義経の入京も実現したのである。

# 「武勇」と「仁義」

## 京における義経

## 義経の上洛

法住寺合戦の衝撃的な結果は、十一月二十一日に後白河院の下北面《げほくめん》大江公友ら二名によって、当時伊勢《いせ》にいた義経《よしつね》・親能らのもとに伝えられた。

### 京武者の動向

九条兼実《くじょうかねざね》は、義経が早速に飛脚《ひきゃく》を頼朝に遣わし、その命によって入京するらしいという推測を記している。これに続いて兼実は、この段階でも義経の軍勢は五〇〇騎に過ぎないが、「そのほか、伊勢の国人《こくじん》など多く相従うと云々《うんぬん》。また、和泉守信兼《いずみのかみのぶかね》、同じくもって協力すと云々」という注目すべき内容を記している（『玉葉《ぎょくよう》』寿永《じゅえい》二年十二月一日条）。

義経の協力者のうち、「伊勢国人」は川合康氏が指摘したように、伊勢・伊賀《いが》に拠点をもち、鈴鹿峠《すずかとうげ》付近を支配していた平田家継らと考えられる。家継は清盛の祖父正盛《まさもり》の伯父季衡《すえひら》の子孫で、伊賀国鞆田《ともだ》荘《のしょう》の沙汰人平家貞の子、平氏の侍大将平貞能の兄にあたる。血筋の上では伊勢平氏の一門だが、伊勢の藤原（伊藤）忠清《ただきよ》とともに、平氏重代相伝《じゅうだいそうでん》の中心的郎従《ろうじゅう》であった。家貞が、昇殿した忠盛の危急を救った『平家物語』の逸話は有名であるし、貞能は清盛の腹心とされ、家継も「私郎従《しろうじゅう》」と称される側近の立場にあった。

彼らは、福原《ふくはら》に退いた清盛に代わり嫡男重盛に、ついでその子息たちに仕えていた。しかし、重盛の早世で嫡流《ちゃくりゅう》が宗盛流に移り、重盛一門が傍流に転落したことから、あえて都落ちにも加わらず、伊賀・伊勢の所領に止まったのである。依然大きな武力を有していたことは、後述する翌元暦《げんりゃく》元年（一一八四）七月の蜂起からも明白であったし、鈴鹿峠を抑えていた彼らの協力なくして、義経らの上洛《じょうらく》は困難であった。

むろん、伊賀・伊勢平氏たちには当然頼朝に反発する面もあったと思われるが、壇《だん》ノ浦《うらの》

図10　平信兼・家継一門系図

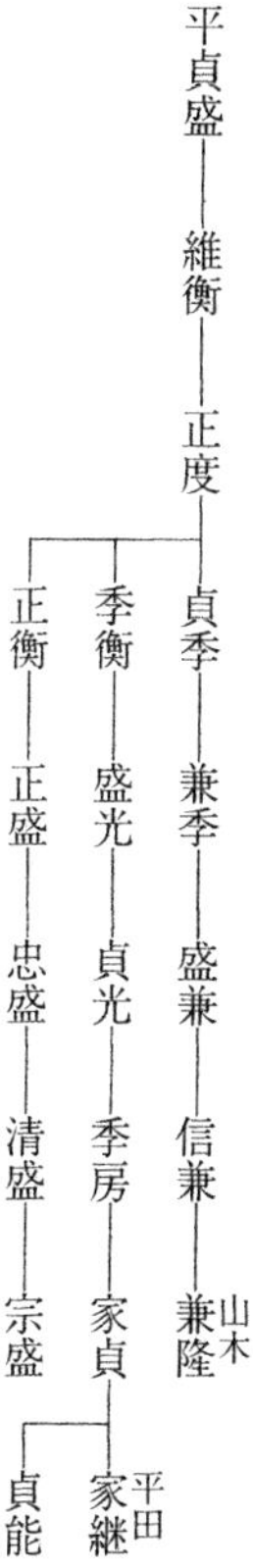

合戦後に平貞能《さだよし》が宇都宮朝綱《ともつな》を頼って降伏したように、中には関東との誼《よしみ》をもつ者もあった。また、平氏を都落ちに追い込んだ義仲に対する反感、さらに再上洛する本隊を支援して京を奪回する目的などから、義経に協力したものと考えられる。

一方、義経の協力者として名前を明記されている平信兼《たいらののぶかね》は、伊勢中部を拠点とする京武者である。彼の系統も正盛の伯父貞季《さだすえ》の時に分立している。同じ桓武平氏《かんむへいし》でもあり、信兼の息子でたまたま伊豆《いず》国において目代《もくだい》の任にあった山木兼隆《やまきかねたか》が、頼朝挙兵に際して最初に殺害されたことから、平清盛の一門、もしくは先述の家貞一族と同様に平氏嫡流の家人《けにん》のように理解されがちであるが、実際には清盛一門から独立した京武者であった。

たとえば、保元《ほうげん》の乱でも信兼は白河殿攻撃の第一陣である清盛とは別に、第二陣として投入されているし、その父盛兼も鳥羽《とば》殿で美福門院《びふくもんいん》や皇太子守仁《もりひと》親王の警護を担当している。この一族は、鳥羽院の北面であるとともに摂関家の荘官でもあったが、先述したように源為義一族が忠実・頼長に仕えたのに対し、関白藤原忠通に属していた。このため、保元の乱の前年、路頭で信兼が頼長一行と闘乱事件を惹起《じやつき》したこともある。

信兼の息子兼隆は、先述の通り頼朝挙兵で真先に血祭りに上げられた。その信兼が息子の仇頼朝の代官義経に協力したのは何故か。もともと兼隆は信兼の訴えで伊豆に配流《はいる》されており、父子関係は良好ではなかった。信兼は長年院の北面として王権の守護をつとめてきただけに、後白河を襲撃した義仲に激しい憤怒と敵意を抱いたことは想像に難くない。こうしたことから、義仲打倒という共通目的を有した義経に合流・協力したのである。

先にもふれたように、信兼と同様に多くの京武者が義仲に反旗《はんき》を翻《ひるがえ》し、義経の軍勢に合流することになる。たとえば、源満政流で美濃《みの》・尾張《おわり》を拠点としていた葦敷重隆も、その一人である。彼はかつて義仲の命で京中守護を分担した武将であったが、『玉葉』の閏十月二十三日条によると、院近臣高階泰経《たかしなのやすつね》とならんで、義仲が特に意趣を抱いた人物として名指しされている。早くから義仲を見限り、義経らと通謀していたのであろう。彼は、一ノ谷《いちのたに》合戦や西海《さいかい》における平氏追討に従軍することになる。

重隆は法住寺合戦後の十二月三日に解官《げかん》されているが、この時にはやはり義仲の下で京中守護を分担していた信濃《しなの》源氏の源信国や、頼政の孫有綱もともに解官されている。彼らの解官が、義仲との対立の結果であることは言うまでもない。信国の以後の動静は不明だが、有綱は義経の郎等《ろうとう》となり、そして婿《むこ》にも迎えられる。また、甲斐《かい》源氏の有力な一門で、これも京中守護を分担していた安田義定も義経に連携することになる。このように、義経軍は京武者をはじめとする旧義仲派を多数含みこんでいたのである。

また、この段階で義経に直接合流はしていなかったものの、摂津《せっつ》源氏の多田行綱《ただゆきつな》も本拠多田荘に立籠《たてこ》もって反義仲の兵を挙げた。大物《だいもつ》・河尻《かわじり》などの大阪湾の重要港湾を抑える彼の蜂起は、かつて平氏を窮迫させて都落ちの大きな要因となったほどであるが、この時も同様の事態が起こったと考えられる。こうした多くの京武者たちの動きが、義仲に強い圧力を加えたことは言うまでもない。

## 追い詰められる義仲

法住寺合戦で勝利を収めたにもかかわらず、七月の入京において協力した京武者や源氏一門の相次ぐ離反《りはん》に遭遇し、義仲は孤立を深めていた。もはや彼にとって眼前に迫った最大の敵は、平氏ではなく頼朝に変わっていた。義仲は、十二月からかつての仇敵《きゅうてき》平氏との和平工作を図っている。さらに、かつての平氏同様、藤原秀衡《ひでひら》にも頼朝追討を命じるなど、義仲はなりふり構わぬ方策をとって、頼朝軍の上洛阻止に奔走《ほんそう》することになる。

法住寺合戦によって後白河院を幽閉《ゆうへい》し、院を自身の思うままに動かせる態勢にあった義仲は、十二月十日には後白河院庁下文《いんのちょうくだしぶみ》によって頼朝追討を命じ、官軍であることを誇示した。しかし、本来の宣旨《せんじ》が院庁下文に改変される一幕もあったし、後白河を武力で恫《どう》喝《かっ》し従属させていることは誰の目にも明らかであったため、義仲が発給《はっきゅう》を強制した院庁下文に正当性が認められるはずもなかった。

さらに、年が明けた正月十五日、義仲は征東大将軍に就任し、頼朝追討に相応《ふさわ》しい役職についた。公的な追討の対象も、平氏から頼朝に変更されたのである。これについて『玉葉』が「征東大将軍《せいとうたいしょうぐん》」に任じられたとするのに対し、『吾妻鏡』が「征夷大将軍《せいいたいしょうぐん》」としたことから、後者の説が有力であった。しかし、近年櫻井陽子氏によって紹介された『三《さん》槐荒涼抜書要《かいこうりょうぬきがきよう》』(中山忠親の日記『山槐記《さんかいき》』の抄出)の記事により、義仲は「征東大将軍」に任じられたことが確認されている。追討の対象が蝦夷《えぞ》ではなく東国の頼朝なのだから、「征東大将軍」に就任するのが当然と言える。

なお、櫻井氏の研究によって、この「征夷大将軍」「征東大将軍」の相違という点に限らず、建久三年(一一九二)の就任時点で、頼朝が征夷大将軍に固執《こしゅう》していなかったことも明らかとなり、元暦元年以来、頼朝が征夷大将軍を希求したとする『吾妻鏡《あずまかがみ》』の記述も否定される結果となった。このことからも、頼朝段階における同書の信憑《しんぴょう》性に大きな問題があることが明らかである。これは義経問題などに関する記述でも同様と言えよう。

それはともかく、院庁下文の獲得、征東大将軍就任によって、義仲は名目上頼朝を逆《ぎゃく》賊《ぞく》として、追討する態勢を整えるに至った。しかし、いくら公的な名目を得たところで、日頃から粗暴な行動をとり、あげくのはてに後白河を襲撃するような義仲が、多くの武士の信頼を得ることなどありえなかった。

一方、平氏との和平については、十二月二十九日の『玉葉』に興味深い記事が見られる。この日、兼実は側近の小槻隆職《おづきのたかもと》から、義仲と平氏の和平が「一定《いちじよう》」（確実）との情報を得ている。隆職は、平氏の侍大将であった伊藤忠清の説を聞いたというのである。忠清は、伊勢国古市《ふるいち》を拠点とする平氏累代相伝《るいだいそうでん》の家人で、富士川合戦《ふじがわのかっせん》に侍大将として従軍したことはよく知られている。

この逸話から判断すると、忠清は先述の伊賀平氏一族のように義経に合流して義仲に合戦を挑んだのではなく、むしろ在京しながら義仲との連携を目指していたと見られる。この背景には、かつて伊勢で所領を争った加藤一族が頼朝に従っていたことも関係しているのであろう。伊賀・伊勢の平氏一族の立場は多様だったのである。このことは、彼らが必ずしも義経に協力的ではなかったことを意味し、のちに彼らが挙兵に追い込まれて滅亡を余儀なくされる一因ともなったと考えられる。

しかし、義仲と平氏の和平は噂に止まり、具体的な進展はなかった。『玉葉』の正月十三日条によると、その原因は三つあったとされる。第一に、後白河院を北陸に拉致《らち》する姿勢を示した義仲に平氏が不信をもったこと。第二に、平氏が義仲の知行《ちぎょう》国丹波《たんば》に進出し兵士を徴発しようとして激しい合戦となり、一三名もの平氏郎等が殺害されたこと。第三に、摂津渡辺付近で行家が合戦を準備して待ち構えていたことであったという。

しかし、それらは表面的な理由に過ぎないであろう。平氏の側に、はたして本気で和平する気持ちがあったのかどうか。おそらくは、源氏が相互に抗争することによって、漁夫《ぎょふ》の利を得ようとしたのではないだろうか。事実、平氏は義仲の苦境を利用して、正月八日ころには福原を奪回していた。さらに、西国《さいごく》各地の武士を招集して人数も膨れ上がっており、入京も時間の問題とさえ考えられていたのである。

## 義仲の最期

一方、頼朝軍の人数は一貫して小規模とされていた。『玉葉』の正月十三日条では、義経配下はわずかに一〇〇〇騎に過ぎないとされ、翌十四日条によると、関東の飢饉《ききん》のために上洛の勢、すなわち範頼の援軍も「幾《いく》ばくくならず」と称されている。このように、頼朝軍は範頼の援軍をあわせても小人数で、義仲軍と対決することも困難とされていた。

ところが、突如としてその姿は変貌する。『玉葉』の正月十六日条によると、近江《おうみ》に迫った義経軍を迎撃しようとした義仲の郎従は、「敵勢、数万に及」ぶ様子を見て、「あえて敵対すべからず」という状態で、京に逃げ帰ったという。こうした変貌の一因が、範頼《のりより》が率いた鎌倉からの援軍にあったことは疑いない。しかし、その軍勢の移動は確認されていたが、大軍であるとする報告はなく、すでに述べたように「幾ばくならず」と称されている。そして、何よりも京から一ノ谷《いちのたに》合戦に向かった頼朝軍が、京武者を含めて総勢で二〜三〇〇〇程度に過ぎなかったことを考えれば、援軍の人数には限界があった。

この前年、寿永《じゅえい》二年も押し迫った十二月二十二日、頼朝は重臣の上総介広常《かずさのすけひろつね》を殺害した。先にもふれた『愚管抄《ぐかんしょう》』の記述を信ずるならば、広常が「ナンデウ朝家《ちょうけ》ノ事ヲノミ身グルシク思ゾ。タダ坂東ニカクテアランニ、誰カハ引ハタラカサン」などと称して、頼朝軍の上洛に強く反対したことが粛清《しゅくせい》の原因であったという。

むろん、これは建久元年（一一九〇）の上洛で後白河院と対面した頼朝が、院に対して忠誠心を有していることを強調するための発言であり、にわかに真実とすることは困難である。しかし、広常殺害の真相はともかく、本格的な上洛軍の編制・出立について、寿永二年暮れの段階で、幕府内部に動揺があったことが窺われる。所領保全第一の発想をもつ東国武士が、簡単に所領と無関係の戦闘に参加するように変化するとは考え難い。

一ノ谷合戦の直前、頼朝は前年の暮れに尾張墨俣渡《すのまたのわたし》において、範頼が御家人と先陣を争って闘乱をしたことを責め、追討以前に「私合戦」を行うのは不穏便であるとして、範頼に叱責《しっせき》を加えている（『吾妻鏡』元暦元年二月一日条。正しくは寿永三年であるが、以下では改元前後に関係なく『吾妻鏡』については同書の表記に従う）。このできごとも、範頼の統率力の不足、さらには範頼の統制に簡単に服従しない東国武士のあり方も物語る。

以上のように、鎌倉から派遣された援軍が限定されていただけに、義経・範頼軍の入京における京武者の役割は大きなものがあったと考えられる。このことは、一ノ谷合戦やその後の平氏追討のあり方にも影響を及ぼすことになる。

それはともかく、京周辺の武士は頼朝軍に合流し、大きな勢力となった。こうした情勢を見て、義仲を出し抜こうとして平氏追討に赴き、一敗地に塗《まみ》れた行家も反旗を翻した。このため義仲は僅かな手勢《てぜい》を割《さ》いて行家を討伐《とうばつ》しなければならなかった。結局、京武者や源氏一門で、最後まで義仲に従ったのは、頼朝に対して大規模な挙兵を行った義広と、近江源氏の山本義経の男義憲くらいであった。その山本義経は法住寺合戦後に若狭《わかさ》守に就任しており、離反した記録はないが、その後の動静は不詳である。

かくして、正月二十日、頼朝軍のうち範頼率いる一軍は近江瀬田に、義経率いる一軍は山城《やましろ》の田原を通り宇治《うじ》に向かった。迎撃のため宇治に向かった義広の軍はたちまちに敗北し、義経の軍勢は京に迫った。義仲は後白河院を拉致して北陸に逃れようとするが、義経軍が殺到したために果たせず、二〇〜三〇騎という僅かな軍勢とともに近江国に逃れ、同国粟津《あわづ》であえない最期《さいご》を遂げる。義仲を討ち取ったのは相模の武士石田次郎と考えられるが、『愚管抄』のみは伊勢三郎義盛《よしもり》の功績とする。事実ではないにせよ、慈円《じえん》の注目を浴びたことからも、義経軍団における彼の立場の大きさが窺われよう。

なお、『玉葉』によると、入京した頼朝軍の一番手は「加千波羅平三」、すなわち梶原平《かじわらへい》三景時《ぞうかげとき》であった。京武者・源氏一門からなる同盟軍という点では、頼朝軍にもかつての義仲軍と共通する側面が存したことは否定できない。しかし、頼朝の直接的な配下の武士が重要な役割を果たしたことに、義仲軍と異なる頼朝軍の態勢が窺われよう。また、彼らは兼実の本拠地九条付近で一切狼藉《ろうぜき》を働くことはなかった。その背景には、狼藉問題から孤立した義仲の轍《てつ》を避けるべく、義経配下の軍勢が厳しく統制されていたこと、そして東国の拠点から兵粮米《ひょうろうまい》の潤沢な支援を受けていたことも関係していたと考えられる。

# 一ノ谷合戦

## 出撃まで

寿永三年（一一八四）正月二十日、義仲《よしなか》は討伐《とうばつ》され、京は範頼《のりより》・義経《よしつね》率いる頼朝《よりとも》軍の支配下に置かれた。翌二十一日には、行家《ゆきいえ》討伐に向かっていた義仲の腹心《ふくしん》樋口兼光も義経の家人に捕らえられた。この結果、残党の掃討《そうとう》も含めて、義仲軍の討伐は呆気《あっけ》なく終わることになる。義仲の滅亡によって、範頼・義経は上洛《じょうらく》目前の平氏《へいし》軍と対決することになったのである。

平氏本隊と対決するとなれば、義仲追討《ついとう》に際し協力した平氏残党や、もともと平氏と親しかった平信兼《のぶかね》などの協力が得られないのは当然である。反義仲ということで、諸勢力を含み込み急速に肥大化した頼朝軍ではあったが、平氏との対決に参戦する人数には限界があったと考えられる。後述するように、数万の大軍と噂された平氏との早急な全面対決に、頼朝軍側は消極的にならざるをえなかった。

二十二日、院御所に赴いた右大臣兼実《かねざね》は、院司藤原定長《さだなが》を通して、後白河院《ごしらかわいん》から尋問を受けた五ヵ条に対する返答を具申《ぐしん》した。その中で、「三神」、すなわち三種《さんしゅ》の神器《じんき》を掌握している平氏の追討について、兼実は神器の安全を第一とし、「たちまちの追討、しかるべからず、別の使いを遣わして語り誘」なうべきとする意見を述べた。これは、神器の保全を考慮した単なる一般論ではなく、頼朝軍の実態からも判断した結論であろう。

この件については、前日、左大臣藤原経宗《つねむね》以下の公卿たちが院御所に集まり、議定が行われていた。皇后宮大夫藤原（三条）実房《さねふさ》以下、多くの公卿たちは兼実と同意見であったが、左大臣経宗や左大将藤原（徳大寺）実定らは平氏追討を主張したという。これは「叡《えい》慮《りょ》」、すなわち後白河の意志に基づく意見であった。

後白河院に平氏との和解はありえなかったのである。治承三年政変（一一七九）で清盛に幽閉され、院政を停止された屈辱を忘れようはずはない。また、前年七月の平氏都落ちに同道しなかったことは、再度の院政停止など平氏の報復を必然的なものとした。したがって、後白河にとって、平氏は絶対に撃退しなければならない相手だったのである。

当初、かの信西《しんぜい》の息子静賢《じょうけん》を和平の使者として派遣する計画もあったが、院や院近臣たちを中心とした追討論がしだいに優勢となってゆく。二十九日には追討使《ついとうし》派遣が決定したために、静賢は使者を辞退してしまった。ついに二月一日、追討使となった範頼・義経は山陽道に向けて京を出立《しゅったつ》した。しかし、翌日になっても丹波との境界にあたる大江山《おおえやま》付近に止まっていたという。おそらく同地で京武者以下の軍勢を徴募《ちょうぼ》していたのであろう。そして頼朝の代官と称された土肥実平・中原親能《ちかよし》らが和平案に感心したように、彼らが合戦を好まなかったことも、軍勢出立の遅延と関係していた。

当時の京では、安徳《あんとく》天皇を擁して福原にあった平氏軍について、未到着の九州の援軍を除き、四国・紀伊の軍勢だけで数万に達していると推測され、十三日には入京すると噂されていた。これに対し、四日にそれぞれ大手《おおて》・搦手《からめて》に分かれて出立した範頼と義経は、各々一～二〇〇〇騎、合計でも二～三〇〇〇騎とされる有様であった。兼実は「天下の大事、大略分明か」と、平氏勝利を予想するかのような記事を残した程である。

先述した寿永二年十一月の行家のように、追討使は京を出撃してから周辺の京武者などと合流して人数を増加させている。多田源氏に関係する文例を集めた『雑筆要集《ざっぴつようしゅう》』によると、義経は一ノ谷への出撃に際し、摂津の武士豊島太郎源留、遠藤七郎為信を、京の七条口に招集している。義経も少数の東国武士のみに依存するだけではなく、当然、京・畿《き》内《ない》周辺の武士たちの組織化に努めていたものと考えられる。

『吾妻鏡』二月五日条によると、範頼・義経はならんで摂津に入り、そこで二手に分かれたという。これを事実とすれば、多田源氏やその一族との合流を企図したことは疑いない。少なくとも、周辺の交通路を掌握した彼らの協力なくして西国への出撃は困難であった。先述のように平氏本体に対する攻撃だけに、義仲攻撃に参戦した伊賀・伊勢などの平氏関係者の協力は困難であろうが、石川源氏や近江・美濃・尾張の源氏など、広範囲の京武者が参戦したものと考えられる。

多田行綱は、義仲の入京に際して大阪湾の港湾を抑え、平氏に対する兵粮・物資の支援を遮断し、平氏を都落ちに追込んでいる。彼に限らず、落ち目の平氏を攻撃した京武者は少なくなかった。彼らにとって平氏の再上洛は、報復、さらには滅亡の危機を意味したのである。それだけに、多くの京武者が頼朝軍に積極的に参戦したものと考えられる。人数の点でも、戦力の面でも、彼らの存在を軽視することはできない。

京武者の協力を得て肥大化したとはいえ、元来二〜三〇〇〇とされた頼朝軍を、『吾妻鏡』元暦元年二月五日条にあるように、大手の範頼軍五万六〇〇〇騎、搦手の義経軍二万

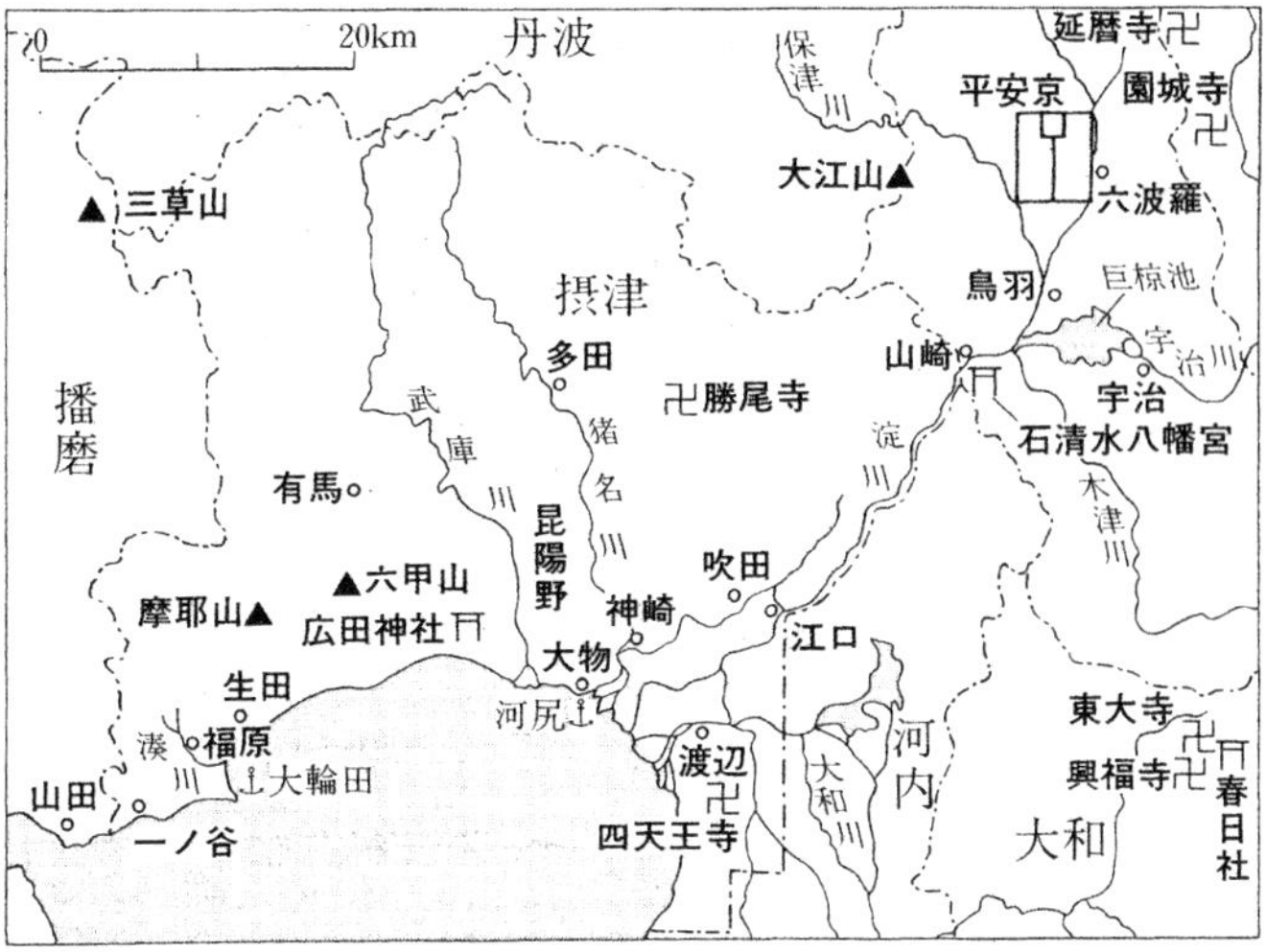


図11　京・福原周辺図

騎とするのは、いくらなんでも誇張である。なお、大手の範頼の軍勢の主要武将として、弱小であった河原兄弟など、『平家物語』で有名な逸話を残した武士の名が見えるのも、両書の記述の密接な関係と、人数水増しによる人名の虚構を物語る。

また、『吾妻鏡』によると、範頼・義経を大将として、その下に甲斐源氏以下の一門・御家人が統率されたかのように記述されている。さらに、範頼・義経に従属した京武者として名が見えるのは、義経に従ったとされる満政流の山田重澄のみである。しかし、こうした記述には、後でふれるように事実との齟齬《そご》がある。

なお、二月三日になって、行家が七、八〇騎ばかりの軍勢を率いて、のこのこ姿をあらわしている。院の召しによるものであるが、頼朝も「勘気《かんき》」を解いたとされる。この時期に入京したのも、京武者組織化という動きの中で、僅かな援軍も歓迎される空気があったためであろうか。もっとも、彼は一ノ谷合戦に参戦することはなかった。

## 源平の衝突

八日未明、兼実はいわゆる「一ノ谷合戦」の第一報を聞いた。「平氏、みな悉《ことごと》く討ち取られおわんぬ」と。これは、範頼の養父藤原範季《のりすえ》の使者が梶原景時から受けた報告を伝えたものであった。その後、午刻（一二時前後）になって、兼実と姻戚《いんせき》関係にあった藤原定能が合戦の詳細を報告した。彼は院近臣《いんのきんしん》でもあり、兼実の情報源の役割を果たしていたが、おそらく院御所で源氏側の報告に接したのであろう。

これによると、まず報告を送ったのは義経であった。彼は搦手《からめて》であり、まず丹波の城を落とし、ついで「一谷」（一ノ谷）を落としたという。次に「加羽冠者《かばのかじゃ》」（蒲冠者）範頼の報告が届いた。彼は大手を担当し、「浜地」、すなわち海岸よりから福原に攻め寄せたという。合戦は辰刻《たつのこく》（午前八時ころ）から巳刻《みのこく》（午前一〇時頃）までの一時にも及ばないもので、程なく攻め落としたという。

さらに、多くの情報が寄せられ、まず多田行綱が山方より寄せて、最初に山手を落とした。城中には誰も残っておらず、人を乗せた船四〇～五〇艘《そう》も島（経ヶ島か）付近にいたが、逃げることができずに火を放ち、焼死したとする。また平氏方の戦死者の名前、そして肝心の三種の神器の所在については不明であった。

混乱もあるとはいえ、この『玉葉』の記述こそが、最も信憑性の高い史料と言える。これに対し、一般的な一ノ谷合戦像を形成しているのが、鎌倉時代後半に幕府において編纂された公的歴史書『吾妻鏡』と、『平家物語』である。先述のように両書の記事には密接な関係が存した。微妙な相違はあるものの、合戦の大枠には共通した点が目立つ。

『玉葉』と、『吾妻鏡』『平家物語』の記述と対比すると、共通するのは以下の点である。まず、頼朝軍が圧勝したことは当然として、大手軍の範頼、搦手軍の義経という二手から攻撃がなされ、範頼が東側から海岸伝いに、義経が西側から攻撃したこと、義経が事前に「丹波城」、すなわち三草山《みくさやま》における合戦に勝利したことなどである。

しかし、最初に山手を攻略したのが多田行綱であったこと、平氏側の乗船が放火されたことなどは他書には見えない独自の内容である。言うまでもなく『吾妻鏡』『平家物語』の諸本では、この合戦において義経が「鵯越《ひよどりごえ》」の逆落とし（『平家物語』では「坂落とし」）を敢行し、源平譲らぬ戦いに決着をつけたとされている。行綱による「山手」の攻

図12　一ノ谷付近の現況

須磨浦公園の展望台から見た景色．眼下が一ノ谷，そして須磨，まっすぐ先が和田岬，その左手が福原である．逆落としを事実とすれば，義経はこの崖を下ったことになる．2006年5月撮影．

略と逆落としが同一か否か、一ノ谷と鵯越との地理的懸隔《けんかく》をどのように判断するのか、さらに行綱は誰に従って行動したのか、彼の名前が消えた原因などを含めて、種々疑問が残る。

　義経が逆落としをしたとすれば、「鵯越」ではなく、一ノ谷北側の鉄《てっ》拐山《かいさん》付近の断崖《だんがい》であったことになる。須磨浦《すまうら》公園のロープウェーから見てもわかるように、現地があまりに急《きゅう》峻《しゅん》なことから、逆落とし自体を否定する意見もあった。しかし、近藤好和氏の指摘によると、ほぼ垂直の断崖を騎乗したまま駆け降りることも可能であり、東国武士が駆けめぐった地域の地形から判断しても、架空の逸話とは考えられないという。

また、『吾妻鏡』『平家物語』諸本に共通して伝わる、あまりに有名な逸話を空想とするのも問題である。守覚法親王《しゆかくほつしんのう》が、義経を「ただの勇士にあらざるなり。張良《ちようりよう》・三略、陳《ちん》平《ぺい》・六奇、その芸を携え、その道を得るものか」としたのも、義経が常識を越える武略・武芸を発揮する大きな活躍があったことを裏付ける。一ノ谷で義経が合戦を決する戦功を挙げたことが、合戦の名称も決したのである。

一方、行綱の攻め込んだ「山手」付近にはのちの有馬街道《ありまかいどう》などがあり、六甲山系《ろつこうさんけい》の裏側に通じる場所であった。したがって、逆落としといった奇襲ではなく、通常の攻撃で敵陣を突破したものと考えられる。おそらく義経は西の関門《かんもん》である一ノ谷において、逆落としのような奇襲を行って突破に成功し、行綱も山手から平氏の本拠に肉薄《にくはく》する攻撃を行い、平氏を大きく攪乱《かくらん》したのであろう。義経による一ノ谷付近での逆落としと、行綱の鵯越付近からの中央突破が混同され、『平家物語』の合戦譚《たん》が作成されたのではないだろうか。

『平家物語』は一貫して義経を英雄として賞揚するのに対し、行綱を鹿ケ谷《ししがたに》事件の密告者として否定的に描いている。こうしたことから、行綱の功績を抹消し義経の活躍に吸収させたのではないだろうか。義経らの活躍が華々しく描写された裏で、行綱以外にも抹消された京武者や有力な源氏一門の活躍があったと考えられる。

また源氏側の軍事編成も、範頼・義経を総大将として頼朝軍が一元的に統制されていたわけではない。たとえば、『吾妻鏡』でさえ、平氏の有力武将の討伐者として、範頼・義経と甲斐源氏の安田義定が併称されている。前者が清盛の弟薩摩守平忠度《ただのり》、甥で公卿だった通盛《みちもり》、若狭守経俊《つねとし》、敦盛《あつもり》、知盛《とももり》の子知章《ともあきら》、侍大将平盛俊らを討ち取ったのに対し、後者は清盛の甥経正・教経・孫師盛を討ったと記しているのである。

源氏側は、範頼・義経率いる頼朝軍と、安田義定率いる軍勢の二元構造であったことになる。義定は、甲斐源氏武田信義の叔父とも、兄弟ともされる人物で、富士川合戦後に信義の駿河とならんで、遠江《とおとうみ》の「守護」となったとされる。むろん、富士川合戦の主導権を握ったのは甲斐源氏であったとする説もあるように、彼らは頼朝に対して強い独立性を有しており、配置されたのではなく、実力で占領したのが実態と考えられる。

義定は、甲斐源氏一門の中で唯一、義仲とともに上洛するなど、独自の行動をとっている。彼は、京中守護を分担したほか、遠江守にも就任しており、大きな政治的権威を有していた。受領《ずりょう》という身分から見ても、範頼・義経の統制から独立し、一方の大将となるに相応《ふさわ》しい武将だったと言える。

以上の点を考えあわせると、頼朝軍は、『吾妻鏡』『平家物語』が記すように、範頼・義経を頂点として一門・御家人《ごけにん》が統制された軍隊ではなく、一門が強い独立性をもち、京武者も多数参戦した、混成軍的な性格を有していたものと考えられる。

また、捕虜となった重衡《しげひら》から和平の呼びかけを受けた宗盛の返書が『吾妻鏡』二月二十日条に収められている。これによると、院近臣修理権大夫《しゅりごんだいぶ》（修理大夫親信か）から、和平の使者を派遣するという書状が送られ、平氏側がこれを信じたところに源氏の不意《ふい》打ちがあったとする。史料の性格から見て事実であった可能性は高い。平氏を恐れ嫌悪していた後白河の謀略も源氏の大きな勝因の一つであった。

さて、合戦の結果、平氏側は先に記した一門、侍大将を失ったほか、清盛の息子で、軍事的中枢にあった重衡も捕虜となるなど、多大の損害を被って屋島《やしま》に敗走した。福原に再建されていたであろう内裏《だいり》や、平氏の邸宅も、再度焼け落ちたものと考えられる。須藤宏氏によると、二〇〇三年に福原の平氏邸宅群付近で発掘された二重濠は、旧来の福原の町並みや、磁北を基準とした治承四年の新造内裏と方角が異なっており、急遽防御用として建設されたこの時の内裏のものであった可能性もあるという。

平氏政権の象徴ともいうべき福原の地を失ったことは、平氏にとって大きな痛手であった。再度の上洛、政権奪回の望みは大きく遠のくことになる。この結果、平氏は屋島を拠点とする地方政権に転落するのである。

## 戦後処理

義仲の滅亡、平氏の後退の結果、京・畿内は頼朝軍の支配下に入った。頼朝は、鎌倉を中心とした東国に加えて、京周辺も軍事的支配下に収めたことになる。まさに後白河以下の朝廷を武力で保護する、唯一の官軍の立場を得たのである。王権の唯一の保護者という立場は、鎌倉末まで継続する幕府の存在形態であった。換言すれば、鎌倉時代を通して存続する政治体制の原型が出現したのである。

二月二十五日、頼朝は後白河に対し、四ヵ条の奏請、すなわち政務に関する申し入れを行った。全文は『吾妻鏡』のみに見えるが、『玉葉』の二月二十七日条も、頼朝が簡便な文書である折紙で朝務を計《はか》らい申したとしており、この奏請を指すものと考えられる。

頼朝の政治介入に対し、貴族たちは「可となさず」という態度を示して反発した。兼実も「頼朝もし賢哲の性あらば、天下の滅亡、いよいよ増すか」と記して、頼朝が有能ならば、彼の政治介入が無能な後白河の権威を低下させ、政務を混乱させるのではないかという懸念を隠していない。

それはともかく、「賢哲」とされた頼朝の申し入れは以下の四ヵ条からなる。第一条は

「仏寺の事」、そして第四条は「諸社の事」、第三条は「平家追討の事」、第二条は「朝務の事」と題されたものであった。このうち、本書の主題と密接な関係をもつのが第二条であることは言うまでもない。

ちなみに、第一条は頼朝支配下の東国・北国（東海・東山・北陸道）について、徳政を行うことを要求している。頼朝は、朝廷が従来通り受領を補任し、戦乱で荒廃した地域の農業生産の復興を要請したものである。すなわち、勧農《かんのう》・収取《しゅうしゅ》を担当する受領を補任することが「徳政《とくせい》」にほかならない。受領任命という朝廷の根本的な権限について指図されたことに、貴族が不快の念をもつのも当然と言える。

頼朝は、勧農・収取に関する権限を返還したものの、十月宣旨《せんじ》で付与された軍事・警察権はそのまま継承していたことになる。この結果、頼朝軍は東国・北国における、公的な軍事・警察力に位置づけられたのである。

第三条は平氏追討における鹿島神宮の奇瑞を例としながら、神社修理を要請したもの、第四条は、権門寺院の悪僧が仏法を怠り武勇を好むことを批判したものである。ともに一般論ではあるが、第四条では没収した悪僧の武器を平氏追討に当たる官兵に与えよとしているから、公的武力は頼朝が独占するという意味も含んでいたと見られる。

問題の第二条は以下の内容であった。

右、畿内近国の源氏・平氏を号《ごう》し、弓箭《きゅうせん》を携える輩ならびに住人など、義経の下知《げち》に任せて引率すべきのよし、仰せ《おおせ》下《くだ》さるべく候。海路たやすからざると雖《いえど》も、ことに急ぎ追討すべきのよし、義経に仰すところなり。勲功《くんこう》の賞においては、その後に頼朝、計《はか》らい申上ぐべく候。

ここで注目されるのは、平氏追討を義経が担当すること、彼が統率することになったのが、「畿内近国の源氏・平氏」を号する武士、つまり京武者と住人たちであった点にほかならない。頼朝は平氏追討に際し、東国武士よりも畿内周辺の武士を重視していたのである。義仲追討・一ノ谷合戦における東国武士の比重の低さ、長期遠征に対する忌避感、逆に京武者の大きな活躍がこうした指示の前提となっていたことは疑いない。

また、勲功の賞は頼朝が「計らい申し上」げるとした点は、京武者と義経はもちろん、後白河との関係をも分断した点で注目される。従来、北面などに組織された京武者は、官位を通して歴代の院と結合してきていた。したがって、彼らの官位を頼朝が推挙することは、院との直接結合を断ち切って頼朝の下への組織化を図る処置であったと言える。換言すれば、官軍としての公的武力を頼朝が一元化しようとする意図のあらわれであった。

引き続き平氏追討を担当することになった義経は、三月一日に京を出立する予定であった。しかし、直前の二月二十九日に突然延期されることになる。兼実は「何故を知らず」と称し、宗盛が和平を申し入れたためではないかと推測しているが、これは三種神器の無事返還を祈る兼実の希望的観測であった。

追討延期の真因は、宮田敬三氏が解明した通り、畿内周辺の荘園・公領が連続する戦乱で疲弊《ひへい》し、荘園領主や住民が兵粮《ひょうろう》・兵士の徴発《ちょうはつ》に抵抗したこと、そして同様の理由で京武者も遠征を忌避したことにあったと考えられる。思えば治承四年五月の以仁王《もちひとおう》挙兵以来、福原遷都《せんと》騒動、東国を始め諸国における同時多発的な内乱、義仲の強引な兵粮徴発と、ほぼ四年間にわたり京や畿内は戦乱や政情の混乱によって厳しい負担を強いられてきた。頼朝軍による治安の回復により、一時的な休息を求めるのも当然だったと言える。

むろん、上洛にさえも抵抗を示した東国武士が、そのまま京武者にかわって西国に遠征することなど、とうてい困難であった。この結果、平氏追討は暫《しば》し延期され、義経は京にとどまって京・畿内の治安維持を担当し、平氏との前線である備前《びぜん》・備中《びっちゅう》・備後《びんご》には土肥実平が、そして播磨・美作《みまさか》には梶原景時が、それぞれ惣追捕使《そうついぶし》として派遣され、警護にあたることになる。

# 京都守護

## 在京活動

京にとどまった義経には多くの任務が待っていた。たちまち、鎌倉武士による不法な兵粮《ひょうろう》徴収に対する抗議が頼朝のもとに殺到したが、その対応も義経の役割であった。たとえば、一ノ谷合戦《いちのたにのかっせん》の余燼《よじん》も収まらない二月二十二日、義経は春日《かすが》社領垂水牧《たるみのまき》に対する兵粮徴収の停止を命じている。こうした兵粮米徴発に反対する動きが、義経の西国出立《さいごくしゅったつ》を足止めすることになったと考えられている。

同じ二月には河内国水走《みずはい》の源康忠《やすただ》の開発所領を安堵《あんど》し、兵士役の勤仕を命じている。康忠の父季忠《すえただ》は大舎人允の官職を有しており、京武者の一員であったことは疑いない。義経は、御家人《ごけにん》認定の役割を果たしていたことになる。また、それは同時に畿内周辺の京武者に対する支配のあらわれと考えられる。

記録が残っているものだけでも、義経は多くの紛争解決に乗り出しているが、中には鎌倉関係者とは考え難い人物の濫行《らんぎよう》も含まれている。三月、金剛峯寺《こんごうぶじ》の申請により、紀伊国阿弖河荘《あてがわのしよう》に対する寂楽寺《じやくらくじ》の乱暴停止を命じている。上横手雅敬《うわよこてまさたか》氏が指摘するように、寺社相互の紛争までも義経が担当していたことになる。しかも、阿弖河荘の正当な支配者は寂楽寺であり、十分な調査をせずに金剛峯寺の勝訴としたものであった。

こうしてみると、義仲の滅亡、平氏の撃退、それにかわる鎌倉武士の進出という支配体制の激変に際し、多発した混乱を唯一の武力の担い手である義経が一手に引き受けた形となった。乱暴狼藉をくり返した義仲を討ち、つづいて京の治安を守った義経は、まさに「仁義」の武士であった。問題はこうした混乱の処理に際し、義経が率いた武力である。『吉記《きつき》』の四月二日条によると、この日、義仲の下で解官《げかん》されていた京武者らの還任《げんにん》が行われている。この時、還任した者には、院の側近左衛門尉平知康《ともやす》、越前斎藤氏の藤原友《とも》実《ざね》、そして源頼政の孫である源有綱《ありつな》の名が見える。義経が京周辺の治安維持に活躍していた時、追捕尉《ついぶのじよう》や衛府《えふ》として、ともに活躍したのが彼らであった。そして、先述のように有綱が女婿《じよせい》となるとともに、義経と主従関係を結んだのをはじめ、友実、知康も義経と密接な関係を結ぶことになる。京武者との連携が義経の活動を支えたのである。

かつて、河内源氏の始祖頼義・義家などは、加藤・山内首藤・波多野《はたの》・後藤氏の各先祖である藤原景通《かげみち》・藤原資通《すけみち》・佐伯経範《つねのり》・藤原則明といった京武者たちを、受領《ずりょう》としての活動、そしておそらくは在京活動の軍事的中心としていた。義経の武力編成は、こうした伝統を復活させたといえよう。

有綱についてはすでに触れた。友実は、仁和《にんな》寺の守覚法親王《しゅかくほっしんのう》に仕えたのち、右衛門少尉に就任、平氏・義仲に臣従・離反を繰り返し、再度の解官《げかん》ののち復帰したのである。義経に臣従した契機は不明だが、時期は還任から間もないころであろう。平氏・義仲に対する態度と異なり、友実は義経に忠実に仕えていたようで、文治《ぶんじ》元年（一一八五）十一月、頼朝追討の挙兵に失敗した義経が京を退去する時にも、同行しようとしている。もっとも、友実はかつて義経の家人であった庄四郎によって、謀殺される運命にあったが。

知康は法住寺合戦における院方の総大将であったが、武具を用いた活躍はなく、もっぱら「宗教的武装」の面で義仲に立ち向かった人物である。物理的暴力よりも、芸能を含む宗教的儀礼を通して院に奉仕した武者であった。実戦で義経と行動をともにした記録はないが、義経の没落後に頼朝に捕らえられており、両者の緊密な関係が窺知される。おそらくは後白河と義経を仲介する役割を果たしていたものと考えられる。

このほか、後述するように、多田行綱《ゆきつな》は義経から多田荘を「安堵《あんど》」されており、同盟的関係にあった武将たちと所領を媒介とした主従関係も結ぶ動きを見せていた。また、野口実氏の指摘のように、相模国渋谷氏一族の重資、室の父河越重頼《かわごえしげより》の兄弟師岡重保など、兵衛尉などとして在京活動していた東国武士とも連携する動きが見られた。

さらに、元暦《げんりゃく》二年のことだが、佐藤忠信《ただのぶ》と考えられる武将が和泉《いずみ》国大鳥郷の郷司《ごうし》の地位につき、摂関《せっかん》家の大番舎人《おおばんとねり》と紛争を起こしている。義経直属の武士たちも一ノ谷合戦以降に京周辺の所領を獲得し、独自の武士団形成を図っていたと考えられる。

義経は、京を中心に衛府などを通して京武者との連携を図るとともに、股肱《ここう》の郎等たちに所領を与えて、京周辺に独自の軍事基盤を築きつつあった。しかし、すでに述べたように、頼朝は平氏追討に参戦する京武者に関する恩賞推挙権を独占し、彼らと院との分断を図っていた。もちろん、義経と京武者の関係も制約を受けることになる。

さらに、このころから頼朝は、京武者や源氏一門といった独立性の強い軍事貴族層に対し、強い抑圧を加えることになる。たとえば、『吾妻鏡《あずまかがみ》』の三月十七日条によると、甲斐源氏の板垣兼信が「門葉《もんよう》」、すなわち源氏一門でありながら、家人に過ぎない土肥実平の配下とされたことを不満として、自身を上司とするように頼朝に訴えるが、頼朝はこれを一蹴《いっしゅう》する。一門・家人の別なく、忠誠心の高さによって職務内容を決めるという意志を伝えている。兼信は信義の次男であり、本来は有力な一門であった。

甲斐源氏に対する抑圧は次第に激化し、六月十六日には信義の長男忠頼が鎌倉の御所において、日頃から「威勢をふるうのあまり、世を濫《みだ》すの志を挿むの由、その聞こえあり」というだけの理由——まさに言いがかり——で殺害されている。これに関連して、信義も失脚したと考えられる。富士川合戦では、頼朝の同盟軍として、むしろ軍事的には主導権を握ったとされる甲斐源氏の中心が、あまりに呆気《あっけ》なく壊滅したことになる。

彼らが頼朝の抑圧に簡単に屈した背景には、甲斐源氏の分断という、頼朝の巧妙な作戦が存在していた。すなわち頼朝は、信義の子息のうち四男伊沢信光を重視して兄弟間の離反を図った。同時に、信義の兄弟とも叔父ともされる甲斐源氏の有力者安田義定一族に対しては、遠江守《とおとうみ》の地位を認めるとともに、翌文治元年に子息義資も受領に推挙するなど、父子ともに受領の地位を認めて優遇し、与党化を図ったのである。こうして孤立した信義・忠頼はあっけなく失脚・滅亡に追い込まれた。もっとも、安田父子も建久年間に相次いで滅亡の運命をたどるのだが。

このような、かつての協力者に対する頼朝の冷酷な仕打ちは、源氏嫡流として傍流を下位に位置づけようとした結果である。また、官位を帯《たい》し、独自の政治的地位を有して直接的に後白河と結びつく者を排除するという頼朝の意図によるものでもあった。こうした頼朝の姿勢から、義経が無断で任官したことが、兄弟の対立の発端とされることが多い。つぎに、義経の任官問題について論ずることにしたい。

図13　甲斐・信濃源氏関係系図

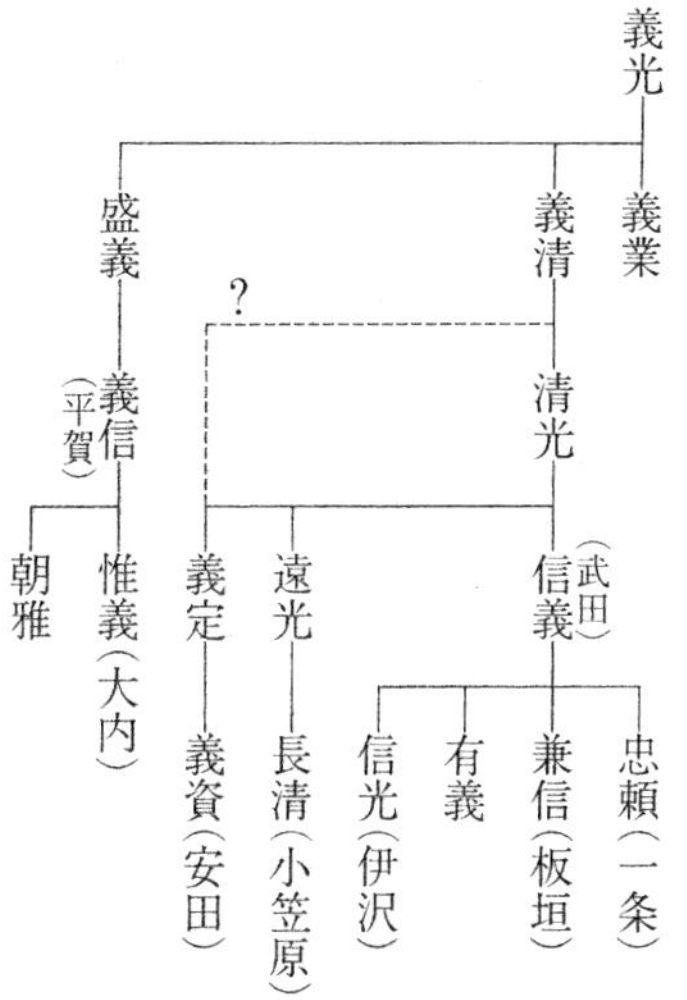


## 受領と検非違使

『吾妻鏡』元暦元年（一一八四）六月二十日条によると、朝廷において頼朝の推挙による小除目《こじもく》が行われ、その結果が鎌倉に伝わった。頼朝の「命の恩人」池《いけの》禅尼《ぜんに》の息子平頼盛《よりもり》が権大納言《ごんだいなごん》に復帰、その子息光盛が侍従、保業が河内守にそれぞれ補任された。同時に、源氏の一門から頼朝の弟範頼が三河守、広綱が駿河守、

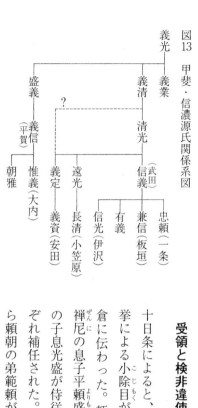

そして平賀義信が武蔵守に任命されたのである。『吾妻鏡』は、頼朝があえて義経の要望を退け、範頼を受領に推挙したとする。受領は、御家人でも就任できる衛府の役人とは異なる特権身分で、義経が希求するのも当然であった。

同書八月十七日条によると、受領から漏れた義経は、後白河からの恩賞を固辞できなかったとして、頼朝に無断で検非違使《けびいし》・左衛門少尉《さえもんしょうじょう》に就任した。このことが、頼朝の「御気色《みけしき》にたがい」、「およそ御意《ぎょい》にそむかるること今度に限らざるか。これにより、平家追討使のこと、しばらく猶予」することになったとされる。すなわち、無断任官に怒った頼朝が、義経を平氏追討からは除外し、義経は京で無聊《ぶりょう》を託《かこ》つ羽目《はめ》に陥ったというのである。

通常、この任官問題こそが、頼朝と義経との亀裂のはじまりであったとされる。そればかりか、後白河が成立しつつある武士政権を抑圧するために、頼朝の対抗馬《たいこうば》として義経を重用したという解釈や、さらには武士でありながら、古代的勢力にまんまと利用された義経の政治的無能を指摘する解釈さえもみられる。

しかし、近年の多くの研究によって、この解釈に対する疑問が呈されている。義経が西国《さいごく》の平氏追討から除外された原因は、後述するように七月に伊賀・伊勢で平氏一門・家人の大規模な反乱が勃発《ほつばつ》し、その残党追捕《ついぶ》や京の治安維持に忙殺されたことにある。検非違使補任も、こうした職務と関係していたと考えられる。『吾妻鏡』のように頼朝がこの人事で機嫌を損ねたとすれば、追討の指揮官を予定していた義経が検非違使として京に止まらざるを得なくなり、追討作戦の構想改変を余儀なくされたためではないか。しかし、頼朝も伊賀・伊勢平氏蜂起の深刻さを知って納得したと考えられる。

以後、義経は九月十八日に検非違使のまま五位に叙されて（叙留《じよりゆう》）、晴れて貴族の仲間入りし、十月十一日に院に拝賀した際には院御所と内裏清涼殿における殿上間への出入りを許される昇殿《しようでん》を認められている。とくに内裏《だいり》の昇殿は「内昇殿」と称され、高い格式を有していた。河内源氏でも、過去には保元《ほうげん》の乱後に父義朝が許されたのみで、京を離れているためとはいえ、頼朝でさえも許可されていない。このように、義経は院との結合を深めているが、頼朝が制止・批判を加えることはなかったし、それればかりか菱沼一憲氏の指摘のように、拝賀《はいが》の際には大江広元らの協力さえ見られるのである。

したがって、義経が西国への追討に起用されなかった原因が、検非違使への自由任官にあったとは考え難いし、そのことで頼朝が憤慨したか否かも疑わしいことになる。では、なぜ義経は受領から除外されたのであろうか。つぎにこの点について検討しておこう。

頼朝が受領を推挙した三ヵ国は、いずれも元は平氏一門の知行《ちぎよう》国であった。三河《みかわ》以外の二国は、ともに長く頼朝の知行国となっており、頼朝・鎌倉幕府の経済基盤という意味を有した。また広綱・義信両名は平氏追討にも参戦しておらず、宮田氏の指摘するように、平氏追討の兵粮を確保する国務担当という役割を有したと考えられる。

では、範頼の人事はいかなる意味をもつのであろうか。これはやはり義仲追討、一ノ谷合戦における総大将に対する恩賞と考えられる。同時に『吾妻鏡』七月三日条にあるように、当初は義経が平氏追討に出陣する予定であったから、範頼も他の二人と同様に前線に赴くことはなく、もっぱら国務を担当する予定だったのである。したがって、頼朝が義経を受領に推挙せず、範頼を補任した背景には、前線指揮官と兵粮徴収のための国務担当を区分するという事情が存したと考えられる。

他の二人の人物についても触れておこう。まず、駿河守広綱は、治承《じしょう》四年（一一八〇）に以仁王《もちひとおう》の挙兵に参戦した故頼政の忘れ形見で、義仲の下で大内守護となった頼兼の弟であった。頼政こそは、頼朝以前の武門源氏では唯一の公卿であり、いわば武門源氏の嫡流ともいうべき武将である。その子息を真先に受領に推挙したのは、頼政一族に対する敬意のあらわれでもあるが、逆に受領推挙を通して摂津源氏の従属を知らしめる意味もあったと言える。

広綱がもっぱら鎌倉に居住したのに対し、兄頼兼は京と鎌倉を往復し、内裏警護、頼朝の命による重衡の南都連行などの重要職務を担当した。彼が受領に任ぜられなかったのは、先述のように受領は知行国主頼朝の下で兵粮米などの徴収を担当し鎌倉に居住する必要があったためである。このことは、義経が受領に任ぜられなかった事情とも共通する。

なお、『玉葉』治承四年九月十一日条に、元来坂東に居住していた仲綱の息子を追討するために大庭景親《おおばかげちか》らが東下したとする記事がある。通常、この仲綱息は義経の郎等となった有綱とされる。しかし、有綱が衛府に任じて在京していたのに対し、広綱も仲綱の養子である上に、在京活動の形跡もないことから彼の可能性もある。広綱は元来、荘官・目代《もくだい》などとして東国に居住していて、そのまま頼朝の下に参入したのではないだろうか。ちなみに、駿河国が頼朝の知行国となったことは、同国に進出していた武田信義・忠頼一門を没落させた結果であり、この人事は駿河を甲斐源氏から頼朝が奪取したことをも意味する。

次に、武蔵守《むさし》となった義信は、義家の弟義光の系統で、信濃を拠点としていた。平治の乱に参戦したことが『平治物語』に見えるが、乱後は信濃に逃亡したと考えられる。その後の動向はまったく不明だが、元暦元年以降、頼朝の下に参戦していたことがわかる。かつて父に味方した恩義に報い、源氏一門の長老を優遇するために、膝下《しっか》とも言える武蔵国の受領を委ねたのであろう。『吾妻鏡』建久六年（一一九五）七月十六日条によると、彼の政務は有能で、のちの国務の先例とされたという。

さて、本来は鎌倉に留まるはずだった範頼が、平氏追討のために鎌倉を出立したのは、八月八日のことであった。その原因は先述したように義経が伊賀・伊勢における平氏家人らの大規模な反乱の鎮圧に忙殺されたためである。『吾妻鏡』によると、北条義時をはじめ、足利義兼《あしかがよしかね》、武田有義《たけだありよし》、千葉常胤《ちばつねたね》、三浦義澄《みうらよしずみ》以下、坂東の有力な豪族の多くが扈従《こじゅう》したという。もっとも、その人数はわずか一〇〇〇騎でしかなかった。急遽《きゅうきょ》、範頼が総大将となるなど、混乱した面もあったかもしれないが、東国《とうごく》から派遣できる武士の数の限界は、一ノ谷合戦の段階と大して変化していなかったことになる。

次に、義経の出陣を妨げた、伊賀・伊勢平氏の蜂起《ほうき》についてふれることにしたい。

### 伊賀・伊勢平氏の反乱

元暦元年七月、伊賀・伊勢では大規模な平氏一門・家人の蜂起が発生した。その首謀者の一人、伊藤忠清は翌元暦二年になっても潜伏《せんぷく》を続け、後白河《ごしらかわ》院《いん》はそのことを理由に義経の屋島《やしま》出撃を制止したほどである。この挿話は、伊賀・伊勢平氏の反乱がいかに朝廷を震撼《しんかん》させ、恐怖を与えたかを物語る。それとともに、宮田敬三氏がつとに指摘したように、この反乱こそが義経を京に残留させた原因であったことを明示する。

この大規模な反乱については、近年川合康氏の研究で詳細に分析されているが、従来は『平家物語』が誤って「三日平氏」と称し、短期間で鎮圧された事件としたため、軽視される傾向にあった。しかし、本来「三日平氏」と称されたのは、この二〇年後の元久元年（一二〇四）四月十日に勃発し、三日目の十二日に京都守護平賀朝雅《ひらがともまさ》によって鎮圧された事件のことで、『平家物語』は明らかに誤解している。これと対照的に、元暦の蜂起ははるかに大規模で深刻であった。

事件の第一報は七月八日に京に届いた。前日の辰《たつ》の刻（午前八時ころ）平家継《たいらのいえつぐ》を大将軍とする反乱が勃発、伊賀の事実上の守護大内惟義《おおうちこれよし》の郎等が討伐され、さらに伊勢でも平信兼以下が謀叛《むほん》を起こし、鈴鹿山《すずかやま》を塞いだというのである。院中の動揺は例えようもない程であった（『玉葉』）。一ノ谷合戦後、範頼以下、鎌倉武士の多くが帰東したあとに大規模な蜂起が発生しただけに、後白河以下の不安は大きなものがあったと考えられる。

その後、反乱軍は近江《おうみ》に向かった。おそらく手薄になった京への進撃を目指したのではないだろうか。このため、十九日に大原荘付近で、近江の事実上の守護として、佐々木氏発展の基礎を築いた佐々木秀義以下の官軍（幕府軍）との間で大規模な合戦となった。反乱軍では大将軍家継以下が討ち取られたものの、伊藤忠清らは山中に逃れている。また、官軍側でも佐々木秀義以下、数百騎が討ち死にするという大変な犠牲を出したのである。合戦の大きさ、激しさが窺知されるだろう。

事件はこれで終わっていない。『山槐記《さんかいき》』の八月十日条によると、義経は平信兼の息子三人を自宅に招いて、あるいは自殺に追い込み、あるいは切り殺したという。その二日後、義経は信兼討伐のために、伊勢に向かって出撃することになる。この信兼一族の追討は、『吾妻鏡』八月二日条によると頼朝の指示であった。

その後の合戦について貴族の日記に記録は残っていないが、『平家物語』読み本系の一異本である『源平盛衰記《げんぺいじょうすいき》』には、伊勢国滝野において、城に立てこもる一〇〇騎程の信兼軍が激戦の末、討ち取られたという記述が残されている。川合氏の指摘のように、この反乱に関する『源平盛衰記』の記述は具体的で、信憑性が高い。

さらに、平家継、信兼といった有力武士たちが滅亡したあとも、先述のように翌元暦二年初めに至るまで、伊藤忠清は潜伏を続け、院以下に重大な脅威を与え続けていた。このように、事件の影響はきわめて深刻なものであった。

この時点で、大規模な蜂起が発生した原因は、最初に大内の郎等が皆殺しにされたことからも明らかなように、鎌倉の代官として伊賀に大内惟義、そして伊勢に山内経俊《つねとし》が配置され、平氏方に対する弾圧が強められたことにある。当初から義仲との連携を目指し、鎌倉側に対立的であった伊藤忠清らの存在は、伊賀・伊勢に不穏な情勢を醸成《じようせい》したと考えられる。まして、義仲という共通の敵には連携して対峙する面もあったが、一ノ谷合戦で平氏本隊と衝突した源氏側との対立は当然深刻化していたはずである。その意味で、彼らの反乱は鎌倉側の挑発もあったにせよ、必然的な結果であった。

また、反乱勃発直前の五月四日に、義仲滅亡後も逃亡を続けていた源義広が、伊勢で波多野三郎、大井実春、山内経俊《つねとし》らに討伐されている。伊賀・伊勢付近に反頼朝勢力が潜伏する土壌が存したこと、討伐に向かった頼朝軍と平氏との対立が深まったことなども、反乱の前提となったと考えられる。

一方、信兼は当初から反乱の「張本《ちようほん》」（首謀者）として名前があがっているほか、『吾妻鏡』ではその息子たちが事件の張本であったとされる。しかし、信兼の一族が反乱の中心であったか否かについては、川合氏の指摘のように疑問が残る。信兼の息子たちが、のこのこ義経の居館に出掛けて殺害されたことは、彼らが反乱と深いかかわりをもっていなかったことを物語る。また、家継らの蜂起鎮圧が一段落したあとに追討が実行されたことは、明らかに家継らの反乱とは別に嫌疑を受け、強引に滅ぼされたものと見られる。

なお、義経は八月六日に検非違使・左衛門尉に補任されているが、上述のような情勢から判断して、この人事が京の治安維持を目的としたものであることは疑いない。ついで彼は、八月二十六日に平氏追討宣旨《せんじ》を受けている。これは通常、西海《さいかい》の平氏追討の宣旨と考えられているが、おそらくは宮田氏が指摘するように、信兼追討を朝廷が事後追認したものであろう。このことは、義経が朝廷よりも、頼朝の意向によって信兼を追討したことを意味する。信兼追討の背景には、反乱当初から張本とする噂もあったように、信兼やその一族に不穏な動きがあったのも事実であろう。それと同時に、独立性の強い京武者を排除、従属させようとする頼朝の一連の方針とも無関係ではあるまい。

義経は京を恐怖に陥れた反乱を鎮圧し、後白河以下の信任を深めたことになる。その反面、義経は入京に際し、協力してくれた京武者を自らの手で族滅させたことになる。同盟軍的な京武者を組織化することで、軍事的基盤を構築しつつあった義経にとって、この行動が暗い影を落とした面も否定できないだろう。

# 屋島と壇ノ浦

## 平氏の滅亡

# 義経の出撃

## 追討使範頼

伊賀・伊勢平氏の蜂起《ほうき》の鎮圧や、畿内《きない》周辺の治安維持に奔走《ほんそう》した義経にかわり、一〇〇〇騎の東国《とうごく》武士を率いて西海《さいかい》の平氏追討に出立したのが兄範《のり》頼《より》であった。範頼軍は、先述のように元暦元年（一一八四）八月八日に鎌倉を出立し、二十七日に入京、朝廷から平氏追討官符を受けて、九月一日に京を出立《しゅったつ》している。遠征の様子に先立ち、まず範頼の出自《しゅつじ》や経歴にふれておこう。

日本最大の系図集『尊卑分脈《そんぴぶんみゃく》』によると、範頼は遠江《とおとうみ》国池田宿の遊女の子とされる。生年は不明だが、父義朝《よしとも》が鎌倉と京を往復する途上で儲けたことは疑いない。先述のように、彼は幼いころは遠江の蒲御厨《かばのみくりや》にあり、ついで『玉葉《ぎょくよう》』元暦《げんりゃく》元年九月三日条に「くだんの男（範頼）幼稚の時、範季《のりすえ》、子として養育」とあるように、彼は貴族藤原範季の養子となっていたという。「範」の字は、元服に際し養父からもらったものであろう。

範頼を養育した範季は、藤原氏では傍流の南家貞嗣流に属し、鳥羽院政《とばいんせい》開始直後の大治《だいじ》五年（一一三〇）に生まれた。従四位《じゅしい》下式部少輔能兼《よしかね》の三男だが、父の早世《そうせい》により、大学《だいがくの》頭《かみ》・東宮《とうぐう》学士から従三位《じゅさんみ》刑部卿《ぎょうぶのきょう》に至った兄範兼《のりかね》の養子となった。能兼の妹は源頼政《よりまさ》の母であり、能兼の従兄弟には平治の乱で殺害される信西《しんぜい》がいた。範季の長男範時は八条院《はちじょういん》蔵人《くろうど》とされるから、八条院を介した頼政との連携を通して源氏一門の範頼を保護したという推測も、一応は成り立ちそうである。

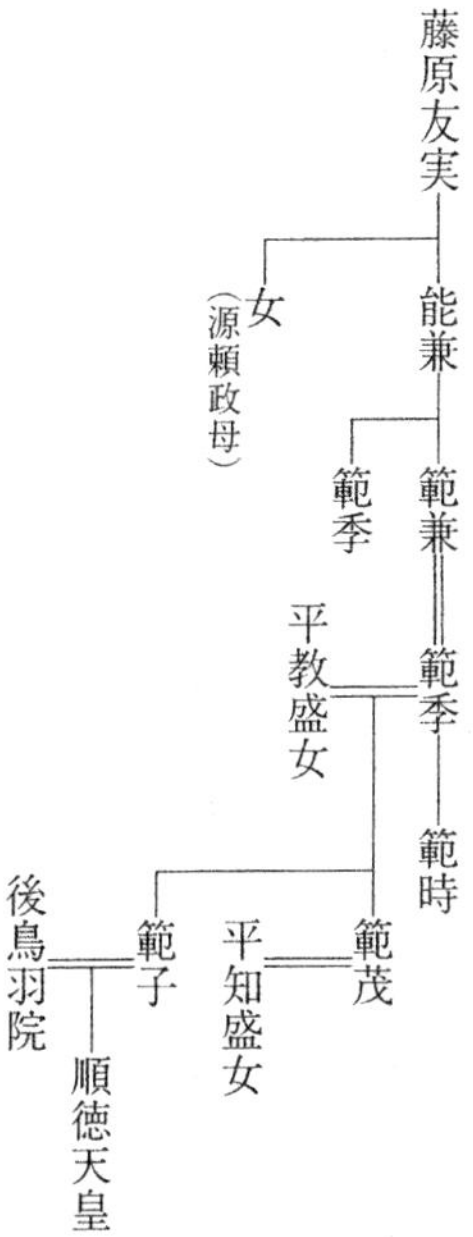

図14　藤原範季関係系図

しかし、範季という人物はとうてい一筋縄ではゆきそうもない。彼は源氏の御曹司《おんぞうし》を匿《かくま》う一方で、平清盛の弟教盛《のりもり》の娘を妻として嫡男範茂を儲け、その妻に知盛《とももり》の娘を迎えているから、平氏とも密接な関係にあった。

しかも、右大臣九条兼実《くじようかねざね》の家司《けいし》もつとめながら、後白河院近臣の一員にも加わり、治承《じしよう》三年政変で解官《げかん》されている。平氏没落後、養育した尊成《たかなり》親王が後鳥羽天皇として即位したことから権力を掌握、のちに娘範子を後鳥羽に入内《じゆだい》させ、ついに順徳《じゆんとく》天皇の外祖父として栄華の頂点に立った。

このように複雑な性格を有するだけに、範季が範頼を保護した理由は不明確である。ただ、範季が平治の乱後に常陸《ひたち》・上野《こうずけ》という東国諸国の受領《ずりよう》を歴任し、治承三年の政変まで陸奥守《むつのかみ》・鎮守府《ちんじゆふ》将軍であった点は注意される。野口実氏は、受領経歴を通して北関東の武士団や平泉藤原氏と密接な関係を結んだ可能性を指摘する。範頼は、先述のように源義広の蜂起の際に下野《しもつけ》の小山《おやま》氏を救援するが、これは彼が北関東に所領を有し小山・比企《ひき》氏と関係したためとされる。この背景に、養父範季の経歴が関係していたのではないだろうか。

結果論ではあるが、範頼は東国に所領を有し、東国武士と連携する側面もあったからこそ、東国武士を統率して長期にわたる平氏追討を担当できたものと考えられる。逆に京・平泉で成長し、東国武士とほとんど連携のない義経がもっぱら在京活動を担当し、西国武士を統率して平氏追討に成功をおさめたのとは対照的であった。

さて、範頼が率いる東国武士の軍勢は、先述のように鎌倉出立の段階で一〇〇〇騎程度に過ぎなかったとされる。通常、一ノ谷合戦《いちのたにのかっせん》の記述のように、軍勢《ぐんぜい》を過大に表記する『吾妻鏡《あずまかがみ》』がわずかな人数と記したのだから、かなり小勢であったことは疑いない。この段階で、頼朝配下の東国武士たちも、義仲の討伐や一ノ谷合戦などを経験し、遠隔地における合戦が所領の獲得・拡大につながることを知ってはいたはずである。とはいえ、所領を離れた長期遠征に対する東国武士の反感は、依然として根強かったのであろう。

その後、各地で武士を組織したとは考えられるが、大軍の入京で兵粮《ひょうろう》問題が発生することを恐れていた兼実も、彼らの入京を確認できない有様であった。やはり、本隊は小人数であった。ただ、小山朝政《おやまともまさ》や佐々木盛綱《もりつな》などのように、本隊に徐々に加わる武士もいた。また、配下に満政《みつまさ》流の重隆とみられる「葦敷《あしき》」の名もあり（『玉葉』十月十三日条）、本来義経に従うことになっていた京武者も範頼に組織されることになる。

範頼軍は山陽道から九州に至るが、なかなか平氏を滅亡させることができなかった。これに対し、翌年正月に出京した義経は、早くも三月には平氏を滅亡に追い込んでしまう。両者の動きはあまりに対照的であった。このため、流布本『平家物語』は、範頼を遊興にふけって追討を怠る凡将と描くことになる。

しかし、こうした範頼を貶《おとし》める記述は、単なる結果論であるとともに、野口実氏らの指摘するように、有能な弟義経と対比して、ことさらに範頼の無能を強調しようとする『平家物語』の作為と考えられる。平重盛と宗盛兄弟の対比と同様に、こうした描き分けは同書の特徴の一つと言える。

『吾妻鏡』の記述によると、範頼軍は十月十二日には安芸《あき》国で同国の武士に恩賞を与えている。範頼は出京から一ヵ月余りで安芸を攻略したことになる。安芸が長年の平氏の拠点で、かつて惣追捕使《そうついぶし》土肥実平《どひさねひら》が再三敗退したことを考えれば、追討はまずは順調だったと言える。さらに、『玉葉』の十月十三日条によると、先述の「葦敷」が、長門《ながと》で教盛《のりもり》と戦って敗れており、この段階で平氏の西の拠点彦島に迫ったものと考えられる。

ところが、これ以後、平氏追討は停滞し、目前の彦島も攻略できないのである。当初は迅速に山陽道を制圧した範頼軍であったが、以後長門の攻略もできず、九州にも渡海できないまま、時間を空費することになる。そして、兵粮問題も勃発して、厭戦《えんせん》気分が蔓延《まんえん》するに至る。こうした範頼軍の停滞が、義経出撃の引き金になったことは事実である。では範頼の進撃はなぜ停止したのであろうか。次に、この原因を検討しよう。

## 頼朝構想と範頼

範頼が平氏相手に長期戦を展開した一因には、宮田敬三氏の指摘のように頼朝の構想も関係していた。『吾妻鏡』文治元（元暦二）年正月六日条によると、この日頼朝は、兵粮不足で船もない窮状を訴えた十一月十四日付の範頼書状に次のように返答している。

八島《やしま》（屋島）に御座《おま》す大やけ（公）（安徳天皇）、并《ならび》に二位殿（平時子）、女房たちなと、少もあやまちあし（悪しさま様）なることなくて、向《むか》（迎）へ取申させ給へし。

頼朝は安徳天皇、清盛の後家である二位の尼平時子以下の女官たちの身柄を安全に確保するように、再三にわたって範頼に命じていた。その理由として、木曽義仲は円恵法親王《えんけいほうしんのう》らを殺害して運が尽き、また平清盛が以仁王を討伐したことから平氏も滅亡を迎えているとして、皇族に対する危害が滅亡の原因となったことを挙げている。むろん、この言葉の根底には、高貴な人物とともに神器を無事に京に戻すことで後白河に恩を売り、戦後のさまざまな交渉を優位に進めようという意図が伏在していた。

さらに、この手紙の中で、頼朝は、次のようにも述べている。

かまえて筑紫《つくし》の者どもににくまれぬやうに、ふるまはせ給へし。坂東の勢をは（ば）むね（宗）として、筑紫の者共《ども》をもて八島をは（ば）責《せめ》させて、急がざるやうに閑《しずか》に沙汰し候へし。

平氏攻撃の中心は東国武士ではあるが、九州武士も組織して屋島を攻撃するように命じている。この背景には、東国武士の人数的な限界から、遠征先の武士を動員する必要があったこと、彼らの協力なくして海上移動が困難なことなどが関係する。また、平氏の退路を絶つために、あえて九州を掌握するという戦術的な目的も想定できる。

また、急がず、静かに攻撃せよとするのは、性急な決戦を回避し、平氏を包囲して降伏に追い込み、天皇や女官たち、さらに神器《じんぎ》の安全を確保しようとしたことと関係するのであろう。もっとも、この書簡は天皇・時子の自殺、宗盛《むねもり》の降伏《こうふく》を予想するなど、結果とあまりにも符合するだけに、偽作の可能性も否定できない。しかし、すでに平氏を追い詰めたと判断した頼朝が後白河との戦後交渉を想定し、範頼に対して安徳《あんとく》天皇や神器、女官たちの安全を考慮した慎重な攻撃を求めていた可能性は高い。

一方、長期にわたる包囲戦を選択した原因は、頼朝の構想だけではなく、海上戦闘を不得意とした東国武士が、海上決戦を回避したことも関係したのではないだろうか。また、屋島ではなくあえて九州を攻撃したもう一つの理由は、東国武士が恩賞の機会を期待したことにある。本来、自身の所領保全・拡大を第一と考え、恩賞目当てに遠征に参加した東国武士たちにしてみれば、合戦の機会が増えることは望ましいことであった。簡単に本拠を陥落させてしまっても困るのである。ここに、頼朝が早急な合戦を回避し、長期戦を覚悟で困難な九州攻撃をことさらに選択した理由が存した。

瀬戸内海付近の水軍を組織して海上戦闘を行えば、平氏追討は容易に遂行できたであろう。しかし、それでは東国武士たちの戦功の機会も失われてしまい、わざわざ遠征した甲《か》斐《い》もなくなってしまう。さらに、彼らが望む所領を給付するためにも、平氏方の地方武士を討伐する必要があった。ここに、東国武士を組織した範頼軍の難しさが存在していた。この問題は、また義経に待ち構える陥穽《かんせい》でもあった。

以上のように、範頼軍があえて困難な中、九州渡海を試み、平氏と決戦を回避した原因は、頼朝の構想や東国武士の思惑に存したのである。とはいえ、九州渡海のための船が確保できずに合戦も行えず、兵粮も払底《ふってい》するに至っては、厭戦気分が高まるのも当然であった。範頼軍は、一時長門から周防《すおう》に撤退することになる。こうした報告に驚いた頼朝は、大量の兵粮を送るとともに、範頼に対して次のように命じた。

まず土肥実平・梶原景時《かじわらかげとき》と相談し、九州の武士を招集せよ。彼らに「帰伏《きふく》の形勢」があれば九州に入るべきであるが、そうでなければ九州で合戦を行わず、ただちに四国に渡って平氏を攻撃すべきである、と（『吾妻鏡』文治元年二月十四日条）。

これによれば、二月初めの時点で景時は範頼と行動を共にしており、彼を義経の目付役とする『吾妻鏡』の記述には疑問がもたれる。それはともかく、東国武士たちの戦意の低下に危険を感じた頼朝は、短期決戦もやむなしと判断したのである。これと平行して、義経の屋島出撃の準備が進められることになる。

## 義経の出撃

範頼軍の危機的状況は、京の義経のもとにも伝わっていた。頼朝が、範頼に対して懇切な返事をしたためた二日後の元暦二年正月八日、義経は後白河院に対し、突如として四国に出撃する旨を申し出たのである（『吉記《きつき》』）。

これに対し、院以下は前年七月における伊賀・伊勢平氏蜂起の首謀者の一人、伊藤忠清が京中に潜伏しているとの噂から、義経自身の出京を反対する。中には代官を派遣させるべきとする意見もあったという。義経がいかに朝廷に信頼されていたのかを物語る逸話である。しかし、義経はこれに反論した。

二・三月に及び（範頼軍の）兵粮尽きおわり、範頼もし引帰さば、管国の武士など、なお平家に属し、いよいよ大事に及ぶか。

これによって、範頼軍の兵粮問題が、京でも深刻なものと受け止められていたことがわかる。長門から周防への退却の報も、「引帰す」、すなわち敗退の危機感を高めていたのではないだろうか。当時、屋島・彦島という両拠点を抑えた平氏は、依然として瀬戸内海の制海権を掌握しており、軍事的な逆転の可能性もあるとみられていた。

こうした平氏による海上支配の継続は、瀬戸内海を介した物資の京上を阻害し、京の食糧事情を悪化させる一因となっていた。義経は京にいるだけに、兵粮米拠出の負担に喘《あえ》ぐ荘園領主の不満を耳にしていたし、依然として「天下餓飢」(『玉葉』四月二十二日条)と称されるような京の食糧事情にも、大きな懸念を抱いていたことと考えられる。

同時に、一ノ谷合戦後に平氏の首渡しに固執したように、義経は平氏に対する強い報復の意識を有しており、事情はどうあれ、はかばかしくない範頼の戦況に対し、強い憤懣《ふんまん》を抱いていたであろうことは想像に難くない。さらに、このまま範頼に平氏滅亡の戦功を独占されることも、義経の焦慮《しょうりょ》を招いたのではないだろうか。

義経の突然ともいうべき出撃は、先述した長期包囲による平氏降伏、神器・安徳の安全な奪回という頼朝の構想とは齟齬《そご》する面もあった。このため、宮田敬三氏は義経の出撃を平氏に憎悪を抱く後白河の意図、もしくは兵粮問題に対する危機感に駆られた義経独断の行動ではないかとされた。たしかに『吾妻鏡』にも義経に対する頼朝の指示は見えず、頼朝の全体構想の中で義経の出撃がどのように位置づけられていたのかは不明確である。

ただ、義経の出撃と入れ代わるように鎌倉殿御使として、中原久経と近藤国平が上洛し（『吾妻鏡』二月五日条）、御家人統制や紛争処理など、それまで義経が果たしていた役割を代行したことは、頼朝と義経との間の連携を窺わせる。また、出京後、義経は摂津渡辺《わたなべ》（現大阪市）に一ヵ月余りも滞在して、追討軍の組織化を図っていた。頼朝に無断で出立したとしても、頼朝が察知しないはずはなく、想定外の行動ならば制止できたはずである。こうした点から考えて、義経の行動が頼朝に無断であったとは考え難い。

おそらく頼朝は、平氏の本拠屋島が義経の攻撃で簡単に陥落するとは予想していなかったであろう。長期間の出陣を想定したからこそ、義経の役割を継承する御使を上洛させたのである。頼朝は、義経の攻撃によって平氏の軍勢が二分され、結果的に範頼軍の行動が支援されることを期待していたのではないか。少なくとも瀬戸内海付近の武士の動向、そして兵粮徴発による京の飢餓といった危機感などは、理解すべくもなかったのである。

正月十日に京を出た義経は摂津渡辺に逗留《とうりゅう》し、渡辺党をはじめとする付近の武士たちの組織化につとめていた。渡辺党は渡辺津を拠点として、海上交通と関連する武士団である。嵯峨《さが》源氏の系統で、伝承では十世紀の武将渡辺綱《つな》が源《みなもとのよりみつ》頼光に仕えて以来、摂津源氏と重代相伝の主従関係を結んだとされる。高橋昌明氏の説くように、綱の逸話には鎌倉時

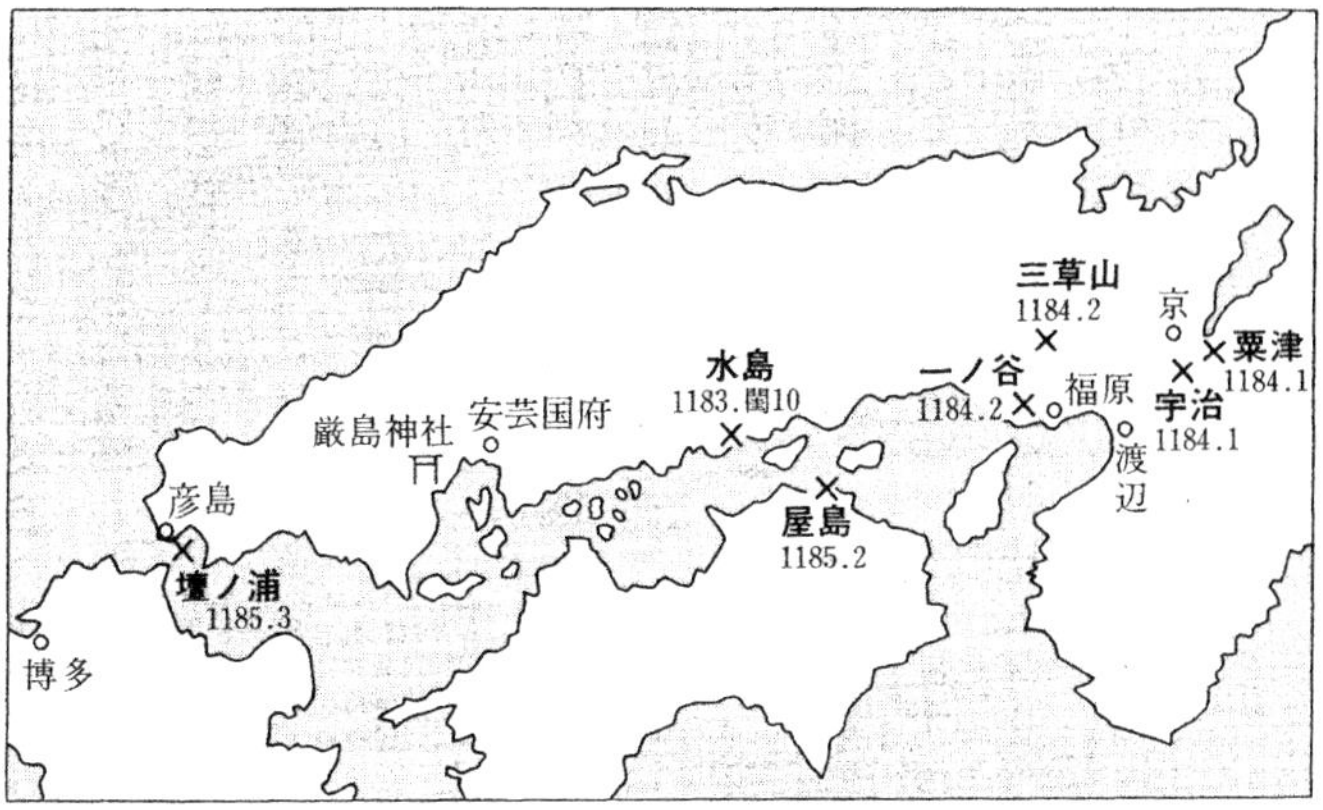


図15　瀬戸内周辺図

代以降に創作された側面が強いと考えられるが、宇治川《うじがわ》合戦で多くの戦死者を出したように、渡辺党一門が頼光の子孫にあたる頼政と密接な関係を有したことは事実である。

当時、すでに義経と主従関係、そして姻戚関係にあった源有綱が、渡辺党の組織化に際し大きな役割を果たしたことは疑いない。大阪湾に面した渡辺津を拠点とする彼らは、当然かなりの水軍力を有していたと考えられるし、四国渡海に際して彼らの水運に関する知識が大きな意味をもったことは言うまでもない。

そのほか、畿内の御家人である後藤基清《もときよ》が義経軍に加わっている。彼は紀伊《きい》国田仲《たなか》荘の預所であった佐藤仲清の息子で、その祖は平将門《まさかど》討伐で名高い藤原秀郷《ふじわらのひでさと》に遡る。基清は、保元の乱で義朝に従属したとされる後藤実基《さねもと》の養子となっていた。後藤氏は河内国坂戸《さかと》牧を拠点とし、前九年合戦における頼義の腹心《ふくしん》藤原則明《のりあき》の子孫にあたる京武者であった。基清は一ノ谷合戦には参戦しておらず、平氏追討に加わったのは、この屋島攻撃が最初である。彼は、頼朝の妹婿であった貴族一条能保の家人にもなっている。

こうした京武者たちは、先述した多田行綱《ゆきつな》のように、平氏と後白河院との対立の中で翻《ほん》弄《ろう》され、平氏による圧迫を受けたほか、都落ちに際して平氏と敵対した者が多いだけに、平氏の勢力回復に危機感をもち、平氏追討に積極的であったと考えられる。また、平氏追討に対する後白河の強い意志も、彼らを駆り立てたのではないだろうか。

さらに、屋島攻撃には間に合わなかったが、熊野《くまの》水軍も参戦する動きを見せるようになる。西国出撃に際し、義経は畿内・西国の武士たちの動員を図っていたと考えられる。先述のように、京武者・西国武士を統率して義経が平氏追討に当たるのが、一ノ谷合戦直後からの本来の頼朝の構想であった。義経の行動はそれに沿ったものだったのである。

そして、一ヵ月の準備を経て、ついに出撃の時を迎えることになる。

# 平氏滅亡

## 屋島合戦

元暦二年（一一八五）二月十六日、義経は渡辺を出立《しゆつたつ》した。『玉葉《ぎよくよう》』によると、この日、院近臣の大蔵卿《おおくらきよう》高階泰経《たかしなのやすつね》は院使として渡辺に赴き、義経の出立を制止している。その理由は、「京中武士なきにより、ご用心のため」であったが、義経は「敢《あ》えて承引せず」、振り切って出立していったという。こうしてみると、義経が渡辺に一月余り滞陣した原因は武士の組織化のほかに、院の制止にもあったと考えられる。

何事も軽率な後白河と院近臣に反感を有する右大臣九条兼実《かねざね》は、「泰経、すでに公卿たり。かくのごとき小事によりたやすく義経のもとに向かう。はなはだ見苦し」と、皮肉・批判を述べている。もっとも、義経の出陣を「小事」と蔑《さげす》む兼実の姿勢こそ、首を傾《かし》げるべきであろう。院近臣の第一人者泰経が制止に赴いたことに、後白河の義経に対する信任の厚さ、彼に代わる武将の不在、京周辺の治安に対する不安の大きさが窺われる。

　義経は渡辺を出立した翌日の十七日には阿波に到着、そして十八日には屋島《やしま》を攻略したという（『玉葉』三月四日条）。阿波椿浦に上陸した義経の軍勢《ぐんぜい》は、わずか一五〇騎であったとされる（『吾妻鏡《あずまかがみ》』二月十八日条）から、京では義経が小人数で出撃したという認識があったに相違ない。それにもかかわらず、平氏が一年余りも拠点としてきた屋島が、わずか三日で攻め落とされたのだから、貴族たちからすれば義経の行動は、まさに電光石火《でんこうせっか》の早業《はやわざ》と思われたことであろう。

　こうした鬼神《きしん》のごとき義経の迅速な行動と、京を出てから五ヵ月も経過しながら、一向に勝利を収められない範頼とは、あまりに対照的であった。貴族たちが頼朝の戦略をどの程度認識していたのか分からないが、先述したように『平家物語《へいけものがたり》』において、有能な義経と無能な範頼という人物像が形成されるのも当然のことと思われる。

　なお、『平家物語』は、出立に際し義経と梶原景時《かげとき》が、退却に用いる「逆櫓《さかろ》」を船に付けるか否かをめぐって論争し、両者の間に深い亀裂《きれつ》が生まれたとする。しかし、景時は範頼と同道していた可能性が高く、挿話の信憑性《しんぴょう》には疑問がもたれる。屋島合戦が、義経やその配下によって簡単に決着し、排除される形となった東国武士との間に軋轢《あつれき》が存在したことを象徴する挿話ではないだろうか。

『吾妻鏡』二月十八日条によると、阿波《あわ》に渡った義経は同国の住人近藤親家《ちかいえ》と合流、彼の案内により屋島に向かう途中で、平氏の腹心田口成良《たぐちしげよし》の弟桜庭介良遠《さくらばのすけよしとお》を攻撃し没落させている。義経の迅速な行動を支えたのは、海上交通に関する豊富な知識を有する渡辺党、そして阿波国で義経と合流した在庁官人近藤親家などの協力であった。

この近藤一族と、田口一族とはともに阿波の在庁官人であったが、両者は鋭く対立していた。近藤一族からは、平治《へいじ》の乱の際、郎等《ろうとう》として信西《しんぜい》の最期《さいご》を看取り、ついで後白河《ごしらかわ》の近臣に転じて「きり者」と謳《うた》われた後白河の腹心中の腹心、僧西光《さいこう》が出ている。彼が鹿ケ谷《ししがたに》事件の首謀者として清盛《きよもり》に処刑されたことは周知の通り。すなわち、近藤一族は後白河の側近として大きな勢力を獲得し、それゆえに平氏と激しく衝突したのである。

一方、田口成良は清盛に接近し、承安《じょうあん》三年（一一七三）ころには大輪田泊《おおわだのとまり》の造営に活躍したと伝えられる。その後も、延暦寺《えんりゃくじ》の堂衆攻撃や、南都攻撃に際し重要な武将として登場しており、成良は平氏の重臣となっていた。さらに、都落ち後の平氏が屋島に拠点を構えたのも、成良の支援の賜物《たまもの》であった。こうした成良の行動は、まさに近藤一族が後白河の側近として勢力を拡大したことに対抗するものに他ならない。阿波における二大在庁勢力は、それぞれ院近臣・平氏家人として中央の政治的対立を反映していたのである。

治承三年政変で後白河が幽閉されてから、当然近藤親家は田口氏の圧力を受けて逼塞《ひっそく》していた。また、都落ちしたとは言え、隣接する讃岐《さぬき》の屋島に拠点を構えた平氏から、依然として抑圧を受けていたことも疑いない。しかし、前年には讃岐の反平氏派の武士が源氏側に合流するなど、四国でも平氏に反抗する動きが活発化していた。したがって、親家が出撃前から義経と提携していたことも想定できる。また、近藤氏が院近臣の一族だったことを考えれば、義経との連携に後白河院の支援があった可能性も高い。

いずれにせよ、少数で出撃し現地の武士を組織するという頼朝側遠征軍の原則が、ここでも見られる。さらに、『平家物語』によると、義経が屋島を攻撃した当時、田口成良の嫡男教良《のりよし》が、伊予《いよ》の河野氏を攻撃するために多くの武士を統率して屋島を出払っており、駐屯《ちゅうとん》する武士の数はかなり減少していたという。これを事実とすれば、こうした平氏側の情報も、阿波の武士たちとの連携の中でもたらされたものであろう。義経の奇襲攻撃の背景には、現地の武士との連携、それにともなう情報収集が存したのである。

結局、一ノ谷《いちのたに》合戦の多田行綱と同様、平氏に怨念や敵意を有する西国武士たちの支援こ

図16　屋島付近の景観

屋島の談古嶺からの景色．この麓が安徳の内裏があったとされる場所である．平家は，左手の沖合いからの攻撃に備えていたが，義経のまさかの奇襲に敗退した．2004年3月撮影．

そが、義経の迅速な勝利を可能にしたのである。また、当然のことではあるが、京武者・西国武士たちも、東国武士と同様、自身の利害に沿って行動していたことになる。彼らは、単純に後白河院の権威や正当性に従っていたわけではない。

義経は得意の放火戦術を行い、大軍を装ったという。予想外の陸上からの攻撃で、宗盛は激しく狼狽《ろうばい》した。彼は戦うこともなく、なによりも大切な屋島内裏を放棄し、寿永《じゅえい》二年（一一八三）以来続いた平氏の拠点を失うことになったのである。同時に安徳は、京の朝廷に対抗する内裏《だいり》さえも失い、天皇としての権威、正当性を最終的に喪失した。また、瀬戸内海の東西を抑え、制海権を有してきた平氏の体制は崩壊するに至った。

早々の海上退避を宗盛の無能の所産とすることはたやすい。しかし、源氏に対する陸上での劣勢を考えると、いったん海上に逃れて得意の海上戦闘に持ち込もうとしたのかもしれない。また、海上で田口教良の帰参《きさん》までの時間稼ぎをしていた可能性もある。しかし、教良は謀略によって義経の軍門に下り、平氏は反撃をすることもなく海上に浮かぶことになった。拠点を喪失した平氏は、滅亡を決定的にしたのである。

この合戦に関連して、那須与一《なすのよいち》の扇の的など、種々の挿話が残された。義経について注目されるのは、彼の身代わりとなって平泉以来の腹心佐藤継信が戦死し、義経が手厚く葬ったとされることである。このことは両者の緊密な関係を物語るが、所領を媒介とした重代相伝《じゅうだいそうでん》の主従関係ではないだけに、精神的な結合の深さ、義経の武将としての人間的魅力を示すものといえよう。その義経が弱弓を恥じて危険を冒して回収したという「弓流し」の逸話は、小柄だった義経が、叔父為朝のような超人的武芸ではなく、俊敏さや戦略的知識の豊かさによって武将としての尊敬を得ていたことを物語る。

それはともかく、平氏は長門国彦島《ひこしま》に追い詰められた。最後の決戦は目睫《もくしょう》の間《かん》に迫っていたのである。

## 決戦のとき

壇ノ浦《だんのうら》合戦の勃発は三月二十四日であった。屋島合戦から一ヵ月余り、この間の義経の所在は不明確であるが、二十一日には合戦準備のために周防《すおう》国にあった。そして、同国の在庁で船奉行《ふなぶぎょう》でもある船所五郎正利から、数十艘の兵船の献上を受けて、壇ノ浦に向けて出立している（『吾妻鏡』）。義経は京に戻らず、現地で水軍を組織し、合戦の準備をしていたと見られる。屋島合戦には間に合わなかったが、義経麾下《きか》への参入の意志を示していた別当湛増《たんぞう》配下の熊野《くまの》水軍も組織された。義経は、頼朝軍としては初めて、多くの水軍を率いて平氏との全面対決に臨もうとしていたのである。

瀬戸内海の制海権も失った平氏は、もはや袋《ふくろ》の鼠《ねずみ》同然であった。九州も含めて、陸上は範頼に占領されており、逃れる場所は残されていないのである。これまで、範頼軍は海上戦闘を、一ノ谷合戦以後の平氏軍は陸上戦闘をそれぞれ回避し、すれ違いが続いてきた。ここで初めて、海上戦闘によって源平両軍の雌雄が決せられることになったのである。海上戦闘での敗北は、降伏、あるいは滅亡のいずれかを意味していた。

こうなれば、包囲する鎌倉側は平氏に対して降伏の交渉を行うことも可能であったように思える。しかし、事態は急激に進行していった。その一因は、義経が平氏を仇敵《きゅうてき》とみなして討伐《とうばつ》を優先したこと、また宮田敬三氏の指摘のように、飢饉《ききん》に苦しむ京を救済するために戦争の早期終結を図ったことなどにもあったと考えられる。また、源氏と合流した西国武士たちも、先述のように平氏に対する反感が強かっただけに、戦闘を逸《はや》る動きが存した可能性も高い。

同時に、平氏も松浦《まつら》党、山鹿《やまが》党以下、最後に残った郎等を結集しており、あくまでも降伏を拒否し、決戦に挑む姿勢を見せた。田口《たぐち》一族の裏切りなど、すでに内部崩壊の兆《きざ》しを見せた平氏軍にしてみれば、早急に合戦を挑み、勝利する以外に頽勢《たいせい》を建て直すことは困難であった。また、一ノ谷合戦後、謀叛《むほん》人として無残にも首を晒《さら》された一門の屈辱と無念、あるいは謀略を用いてまで平氏を倒そうとする後白河の敵意を思い知った平氏一門が、交渉・降伏を断念し敗北と滅亡を覚悟したことも、あえて和平の道を閉ざして決戦を挑んだ原因であったと考えられる。

こうした急速な事態の推移は鎌倉側にも混乱をもたらした。『吾妻鏡』の三月九日条によると、範頼は頼朝に対して書状を送り、熊野水軍が讃岐《さぬき》に至ったが、さらに範頼が担当している鎮西《ちんぜい》に進出する動きがあり、これでは面目《めんぼく》を失するとして、ことの真偽を頼朝に尋ねている。義経が多くの西国武士を動員し、たちまちに平氏を追い詰めて周防・長門に進出したことが、範頼や東国武士たちに勲功《くんこう》を奪われる懸念を抱かせたのであろう。

なお、『吾妻鏡』二月二十二日条によると、梶原景時以下の水軍一四〇艘が屋島に到着したが、すでに合戦が終了したあとであったとする。しかし、肝心の壇ノ浦合戦で水軍を率いて義経に合流したのは三浦義澄《みうらよしずみ》のみで、和田義盛《わだよしもり》らは陸上から平氏に遠矢《とおや》を射たとされる。この遠矢の逸話は、範頼が率いる水軍が僅かで、多くの武士たちは陸上から指をくわえて海上戦闘を見守るしかなかったことを示す。したがって、屋島に東国武士の水軍が遅参したとする逸話自体の信憑性にも、疑問をなげかけるものと言える。

こうしてみると、壇ノ浦合戦は義経と畿内・西国の武士たちが中心となり、三浦義澄など若干の東国武士のみを加えた鎌倉側が、追い詰められた平氏に襲いかかった合戦だったことになる。したがって、半年あまりも平氏追討に従事して、苦しい遠征を続けてきた東国武士は、最大の戦功の機会ともいうべき平氏との決戦に際し、傍観を余儀なくされたのである。『平家物語』では、先陣をめぐって梶原景時と義経が衝突する場面があるが、その真偽はともかく、景時をはじめとする東国武士たちの間に渦巻く、義経に対する憤懣《ふんまん》を象徴する逸話とみることは許されるであろう。

さまざまな思いが交錯する中、二十四日の決戦を迎えることになる。

図17　関門海峡の景観

下関市の海峡ゆめタワーから，東方の関門橋方面の眺め．橋のかなたに満珠・干珠の二島が見える．義経はこの二島付近から手前に押し寄せ，迎え撃つ平家と衝突した．2004年3月撮影．

## 壇ノ浦の戦い

関門《かんもん》海峡の幅は、最も狭いところで六〇〇メートル程とされる。むろん、これ以上の幅員《ふくいん》を有する大河は国内にもいくらでもある。多少の埋め立てなどはあるにしても、現在と当時の海峡の幅に大差があるとは考え難い。源平合戦の当時も、現在と同様に対岸は手に取るように見えたはずである。そんな狭い海峡を、源氏は東から、平氏は拠点彦島を出て西から進撃、両者は激しく衝突した。

『吾妻鏡』三月二十四日条によると、平氏軍は山鹿秀遠《ひでとお》や松浦党らを大将軍とした五〇〇艘《そう》余りの軍勢を、三手に分けて源氏側に挑みかかった。同書には源氏側の軍勢は記されていないが、『平家物語』は平氏軍を同数とするのに対し、源氏軍を三〇〇〇艘としている。実数はともかく、平氏の衰勢を見て源氏に合流した西国武士も少なくなかったであろうから、人数の面では源氏側がかなり上回っていたものと考えられる。とはいえ、狭い海峡での正面衝突だけに、側面に迂回する攻撃などは困難で、正面に並べた精鋭部隊の力量が勝敗を決める側面もあったと考えられる。平氏はそこに賭けたのだろう。

『吾妻鏡』によると、午刻《うま》（十二時前後）には源氏側の勝利が決定的となった。もとから、熊野水軍や渡辺党などの多くの軍勢を組織した源氏と、追い詰められた平氏とでは人数に開きがあったのだから当然の結果と言える。また同時に『平家物語』の叙述を信じるならば、田口成良の離反により軍勢がさらに減少したこと、唐船《とうせん》を兵船とし一般の兵船を御座《ござ》船《ぶね》とする謀略などが露顕《ろけん》したと見られることなども敗北の要因であろう。

かつては潮流の変化が勝敗を決したとされたが、実はさほど大きな影響はなかったと見られる。また、『平家物語』によると、源氏側の梶取・水主《かこ》の殺害も、勝ち誇って平氏側の船に乗り移った源氏側の武将が、勢い余って邪魔な乗組員を殺害したもので、当初から非戦闘員を狙った義経の卑怯な作戦というわけではない。

平氏の敗勢が決定的となると、二位尼時子《にいのあまときこ》は安徳《あんとく》天皇を抱き宝剣・神璽《しんじ》とともに入水《じゅすい》した。続いて建礼門院《けんれいもんいん》以下の女官たちが相次いで海に入った。『吾妻鏡』では、天皇は按察《あぜちの》局《つぼね》とともに入水したとするが、この人物については出自《しゅつじ》なども不明確で、実在も確認できない。建礼門院は救われ、神璽は水中から回収されたが、時子と天皇の生命は失われ、宝剣はついに発見されることはなかったのである。

ついで、勇将知盛《とももり》以下、平氏一門は次々と入水していった。遺体を水没させることで、首渡しや晒《さし》し首といった屈辱的な刑罰を回避しようとしたのである。なお、平盛嗣《もりつぐ》以下、何人かの侍大将たちが戦場を脱出し、のちに頼朝に対する報復の機会を窺っている。したがって、脱出も不可能ではなかったことを考えると、あえて自殺を選んだことになる。それは、安徳の王権が否定され、名実ともに賊徒《ぞくと》に転落することを忌避した結果であった。いわば、彼らが依拠してきた王権に殉《じゅん》じたことを意味するのではないだろうか。

これに対し、時忠《ときただ》以下、一門の貴族たちは降伏の道を選んだ。彼らは帰京後、各地に配《はい》流《る》されたものの、多くの者は数年で政界に復帰している。時忠の息子時実のように、公卿にまで昇った者もいた。非戦闘員に対する処遇は寛大であった。したがって、当然、安徳や時子にも、安穏な生活が保証されていたはずである。また、こうした事態が時子に想定できなかったとは思われない。しかし、彼女はあえて安徳とともに入水を選んだ。

図18 彦島付近の景観

図17と同じ海峡ゆめタワーから，西方の眺め．かなたの九州と関門海峡を挟んで写真右側に平氏の拠点彦島が見える．その左手の小島は巌流島．2004年3月撮影．

時子が恐慌《きょうこう》状態に陥っていたことは疑いない。しかし、天皇を道連れに入水した原因はそれだけではあるまい。佐伯真一氏の指摘のように、正統王権を約束された安徳が、平氏一門亡きあと、後白河の敵意に抑圧を受けながら、惨めな隠遁《いんとん》を余儀なくされることを潔《いさぎよ》しとしなかったのであろう。また、近藤好和氏によると、あれほど頼朝や朝廷側が希求した安徳や神器《じんぎ》を我が身とともに海中に投棄することには、時子が彼らに対して一矢《いっし》報いる意味もあったとする。従うべき意見である。軍事的敗北にもかかわらず、平氏の家長時子は後白河や頼朝に屈することはなかったことになる。

敗北に際して安徳や神器を道連れにする

ことは、当初から平氏の計画通りだったに相違ない。義経の攻撃も性急ではあった。しかし、仮に義経が平氏を包囲したとしても、後白河と源氏の敵意を知悉《ちしつ》し、あくまで抵抗する意志を有していた彼らを説得し、無事に天皇・神器を奪還することが可能であったのかどうか。疑問である。

神器のうち、残る内侍所（神鏡）は時忠に守られた。平氏の武将の中で、総帥宗盛《そうすいむねもり》と嫡男清宗《きよむね》の父子は死に切れずに、義経の郎等、伊勢三郎《いせのさぶろう》に捕らえられたという。総帥を捕らえたところに、伊勢三郎義盛《よしもり》の義経軍における立場が窺われる。

それにしても、平宗盛・清宗父子が敢えて屈辱の生を選んだのは何故なのか。盛嗣をはじめとする侍大将らとともに脱出を図り、平氏の再起を目指したのであろうか。あるいは安田元久氏の推測のように、総帥として一門の命運を最後まで見届けようとして入水の機を逸したのかもしれない。日下力氏の指摘するように、子息を失った知盛・経盛・教盛らと異なり、愛息への思いが生への執着の一因であったことは事実であろう。

少なくとも、宗盛をことさらに無能と貶《おとし》める『平家物語』や『吾妻鏡』の記述から、その真意を理解することは困難である。

# 激闘のあと

## 源平争乱の終結

平氏《へいし》は滅亡した。その第一報が京に届いたのは四月四日、鎌倉にはその一週間後の十一日に到達している。『玉葉《ぎょくよう》』によると、すでに三月二十七日の段階で佐々木三郎盛綱の説として、平氏が義経《よしつね》に討伐されたという噂が流れている。おそらく、範頼《のりより》に従属していた武士たちから、義経が強引に戦闘を開始しようとしていたことが京に伝えられ、それが平氏討伐と誤解されたのであろう。

ともかく、壇《だん》ノ浦《うら》合戦によって治承《じしょう》四年五月の以仁王《もちひとおう》挙兵から四年余りにわたって継続してきた熾烈《しれつ》な源平の合戦も終結したのである。また、清盛《きよもり》が惹起《じゃっき》した治承三年政変からわずかに五年余り、天皇・神器《じんぎ》とともに鎮西《ちんぜい》を指して都落ちしてから二年足らずで、平氏は安徳《あんとく》天皇とともに劇的に滅亡するに至った。

この結果、後白河《ごしらかわ》は、平氏が擁立した安徳天皇を最終的に否定し、治天《ちてん》の君《きみ》である彼自身と、孫の後鳥羽《ごとば》天皇によって構成される、唯一の王権の主となったのである。久寿《きゅうじゅ》二年（一一五五）、近衛《このえ》天皇の夭折《ようせつ》にともない、皇子守仁親王《もりひとしんのう》即位までの中継ぎとして思いがけない皇位を得て以来、初めて脅かす者のない正統な帝王の地位を得たのである。

一方、頼朝《よりとも》は平氏討伐の栄誉を獲得するとともに、国家的軍事力をほぼ独占することになる。そして、義経は、父の仇敵《きゅうてき》を滅ぼすとともに、後白河や兄頼朝の命令を実現し、さらに飢饉《ききん》の京を兵粮《ひょうろう》徴収から救済することができたのである。四月十四日、高階泰経《たかしなやすつね》の使者が鎌倉に到着し、平氏追討に関して兵法の巧みさを称賛する院の意向を伝えた。これに対し、頼朝は「ことに謹悦」したという（『吾妻鏡《あずまかがみ》』）。

かくして、平氏の滅亡は、後白河院、頼朝をはじめとする為政者《いせいしゃ》たちの満足と、政情の平穏と安定をもたらすかのように思われた。また、武士社会の原則に照らせば、平氏滅亡という決定的な功績を挙げた義経こそ、頼朝から最大の恩賞を受けるべき立場にあった。しかし、周知の通り頼朝と義経との確執《かくしつ》は、実にこれから深刻化してゆくのである。

平氏滅亡の報告を受けた頼朝は、早速十二日には範頼に九州における没官領《もっかんりょう》の沙汰《さた》を、義経には捕虜を伴って上洛することを命じた。この分担の背景には、後白河への報告を含めて王権に関する問題は義経に担当させ、一方で所領に執着する範頼軍の東国武士たちに九州で平氏方の没官領を奪取させて、恩賞に充《あ》てようとする意図が存した。

ついで十五日、頼朝は朝廷で任官した御家人《ごけにん》に対し、墨俣《すのまた》以東への帰郷を禁ずるという驚くべき命令を下している。通常この命令については、『吾妻鏡』の編者が執筆した「地《じ》の文《ぶん》」に従って、自由任官者に対する処罰を意味するものと理解され、ここに名前こそ見えないものの、頼朝に無断で検非違使《けびいし》・左衛門少尉《さえもんのしょうじょう》に任官した義経を牽制《けんせい》するものと理解されている。

しかし、『吾妻鏡』に引用された下文《くだしぶみ》には、自由任官の問題は一切触れられていない。むしろ、成功《じょうごう》も行わず、上日《じょうにち》（朝廷に出仕し公務に従事すること）の労もなく任官し、朝廷に奉仕することなく帰郷することを禁ずる内容となっている。したがって、すでに上横手雅敬氏の指摘もあるように、この命令と自由任官問題とは切り離して考えるべきであり、むしろ任官者に対し、京に留まって朝廷に奉仕して、礼節を守るべきことを命じたものにほかならない。

すなわち、在京中に朝廷から官職を得た多くの東国武士が、戦争の終結によって朝廷に奉仕することもなく、帰国する可能性が高くなったことから、それに制約を加えたものと考えられる。したがって、検非違使・左衛門尉に任官していた義経も、引続き在京活動を義務づけられたことになる。

二十一日、頼朝のもとに梶原景時《かげとき》による義経の「讒言《ざんげん》」が届いた（『吾妻鏡』）。景時は侍所の次官である所司、すなわち御家人統制の要に位置する武将であり、頼朝のまさしく腹心であった。そして、いわばお目付役として、義経に随行していたとされる。これによると、義経は頼朝の代官でありながら、自身の功績のみを誇って御家人を無視したばかりか、平氏滅亡後はますます増長して頼朝の意向にすら反する動きを見せ、景時が諫めようとすれば、かえって処罰しようとする有様であった、という。

この腹心による讒言こそが、頼朝の義経に対する不信を決定的にしたものとされる。しかし、先述のように、景時が義経に随行したか否かも不明確で、この上申書の信憑性には疑問が持たれる。もちろん、北条氏の政権下で編纂された『吾妻鏡』が、北条氏に討滅された景時を讒言の首謀者として貶めようとしたのも事実である。とはいえ、その記述内容までも、完全な虚構として無視してしまうことはできない。

すでに述べたように、義経が西国武士を率いて迅速に平氏を滅亡に追い込んだことは、東国武士である御家人の利益に反することであった。また、性急な攻撃で安徳や時子を自殺に追い込み、宝剣を紛失したことなどは、頼朝の戦後構想を破壊する行為だったのである。したがって、『吾妻鏡』が景時の讒言として叙述した内容自体は、当時の御家人たちの不満や頼朝の不信の背景を説明したものにほかならない。

義経が「雅意《がい》に任《まか》せ、自由の張行《ちょうぎょう》」をしたため、「人々恨みをなすは、景時に限らず」という事態となっていたのは事実であろう。自身の構想破壊と、政権の基盤となる東国御家人たちの不満の噴出を知って、頼朝の義経に対する困惑が増幅されたことは疑いない。

しかし、範頼麾下《きか》の東国武士は士気も低下し、戦線離脱者も続出していた。彼らに平氏討滅が可能であったかどうか。やはり軍事組織においては戦功こそが最も評価される。頼朝の作戦にも一因があったとはいえ、平氏追討に難渋《なんじゅう》した東国武士の不平・不満が、頼朝に義経を拒絶させ、滅亡に追い込む直接的な原因になったとは考えにくい。

## 義経の凱旋

鎌倉で頼朝が困惑していたのも知らず、義経は奪回した神鏡《しんきょう》・神璽《しんじ》と平宗盛《むねもり》以下の捕虜を引き連れて意気揚々《いきようよう》と京に向かっていた。京の人々は、戦争を終結させた英雄を歓呼《かんこ》で迎えようとしていた。朝廷でもっぱら議されたのは、死穢《しえ》に塗《まみ》れた戦場から帰京する神器の迎え方であり、あとは建礼門院《けんれいもんいん》や宗盛といった捕虜の処遇、そして頼朝の恩賞といった問題であった。『玉葉』をみる限りでは、宝剣の紛失や安徳の死去について、義経の性急な攻撃を非難する動きは窺われない。

後白河にしてみれば、孫とは言え、仇敵《きゆうてき》平氏に擁立《ようりつ》されていた安徳は、かえって自身の王権を揺るがしかねない危険な存在であった。個人的な感慨はともかく、救出などを表立って行わなかった原因はここにある。また、神器についても、宝剣の紛失の責任を問う動きは表面化していない。もちろん、まだ発見の望みがあったことも関係するが、同時に後白河が一貫して追討を優先し、九条兼実などのように追討より和平を優先する意見を退けていたことも関係するのであろう。

その兼実も、宝剣の不在を遺恨とはしながらも、この問題を大して追及する姿勢を見せていない。おそらく、彼に限らず、朝廷の多くの貴族たちは、長期化し京に混乱と飢饉とをもたらした戦乱を鎮圧した義経に対して、強い称賛と畏敬《いけい》の念を抱いていたと考えられる。これは、治承四年以来の飢饉に瀕し、この当時もまだ「天下餓飢」と称されていて、呑気に賀茂《かも》社参詣《さんけい》に出掛けた摂政近衛基通《せつしようこのえもとみち》が厳しく非難されていた（『玉葉』四月二十二日条）ことを考えれば、当然の対応だったと言えよう。

四月二十五日、いったん鳥羽殿《とばどの》に安置された内侍所と神璽が権中納言《ごんちゆうなごん》藤原経房《つねふさ》以下に伴われて入京《にゅうきょう》した。続いて義経は、安徳の弟宮で、壇ノ浦合戦で救出された二宮らを伴って京の地を踏んだ（『百練抄《ひゃくれんしょう》』）。摂津渡辺に向けて京を出立してからわずか三ヵ月半で、義経は凱旋《がいせん》将軍として歓呼に迎えられたのである。

ちなみに、この二宮は後鳥羽と同じ藤原殖子を母とし、治承三年に生まれた。平知盛《とももり》に養育されたことから平氏都落ちに伴われ、安徳の東宮《とうぐう》とされたという。帰京後親王宣旨《しんのうせんじ》を受けて守貞《もりさだ》親王を名乗り、建久《けんきゅう》二年（一一九一）に元服《げんぷく》するが、後鳥羽院政期の建暦《けんりゃく》二年（一二一二）に出家し、政界を退いた。ところが、承久《じょうきゅう》の乱によって後鳥羽やその皇子たちが配流《はいる》された結果、守貞の皇子が後堀河《ごほりかわ》として即位し、天皇を経験しなかったにもかかわらず、守貞は後高倉院《ごたかくらいん》として院政を開始するという数奇《すうき》な運命をたどる。

翌二十六日、平宗盛・清宗父子、平時忠以下、多くの捕虜たちが入京した。『吾妻鏡』によると、宗盛らを乗せた車の前を土肥実平が、後を伊勢三郎義盛が進み、その警護を担当した。当時、実平は頼朝の重臣であり、山陽諸国の惣追捕使《そうついぶし》として大きな役割を果たしていた。これと並んで警護役を果たした点に、義経の郎等を代表する義盛の重要な立場が示されている。宗盛らは六条堀河の義経邸に連行されたが、後白河院は当時の院御所六条西洞院《にしのとういん》御所に近い六条室町で一行を見物したという。

ちなみに、義経の邸宅については六条堀河のほか、六条室町とする説もある。いずれにせよ、この付近は源義家《よしいえ》や為義《ためよし》など河内源氏代々の居館の所在地であり、そのことと義経が同地を邸宅に選んだことは無関係ではあるまい。しかし、美川圭氏によると、義家は白河院御所の近辺であったために六条に居住したとされる。これと同様に、法住寺殿《ほうじゅうじどの》を失った後白河院が居住した六条西洞院御所の近隣ということも、義経が六条を邸宅とした要因の一つに相違ない。

ついで二十七日、後白河は頼朝に対する論功行賞《ろんこうこうしょう》を行った。頼朝は正四位《しょうしい》下から一躍従二位《じゅにい》に昇進し、一挙に公卿《くぎょう》の仲間入りを果たしている。公卿に昇進するとしても、本来ならば、まずは従三位《じゅさんみ》あるいは正《しょう》三位に叙されるべきところだが、従三位は特に勲功のない頼政と同等だし、正三位だと平治の乱の清盛の先例と合致するので、頼朝が忌避する可能性が高いなどとして、破格の昇進となったという(『玉葉』)。

従二位は、大・中納言に匹敵する位階である。京を離れているので官職はなく、散位ではあったが、京外のまま公卿となるのは空前の出来事であった。総大将としての頼朝の功績を、後白河が非常に重視していたことを物語る。一方、義経に官位の昇進はなかった。これも、頼朝を重んじ、その推挙に従おうとした後白河の姿勢を示すものと言える。しかし、入京直後の二十七日、義経には公的な官位とは別の形で、大きな恩賞が与えられた。それは、後白河院の御厩司《みまやのつかさ》への補任だったのである。

## 院御厩司義経

院の御厩司。院の厩《うまや》の管理者で、四位以上の者は別当《べっとう》、以下は司と称されていたらしい。この地位は、結論から言えば院の最も重要な武器である軍馬を管理する、院の親衛隊長ともいうべき栄光に満ちた重職だったのである。

この役職については高橋昌明氏の優れた研究がある。すなわち、御厩別当（司）は院の軍馬を管理するとともに、代々の院に伝領される河内《かわち》国の会賀・福地などの牧《まき》や、そこに居住する武士団をも支配し、さらには院の御幸《ごこう》に際し車後に控えて院の警備を担当していた。院が有する武力を統括・管理し、院を最も身近で警護したのが御厩司・別当だったのである。それだけに、この地位は代々、院近臣でもある有力な武門に独占されてきた。

鳥羽院政期においては、大国受領を歴任した院近臣の中心ともいうべき藤原末茂流の家保・家成父子に続き、伊勢平氏の平忠盛《ただもり》・清盛《きよもり》父子が相次いで就任している。また、後白河院政初期には、平治の乱の首謀者にして平清盛・源義朝《よしとも》らと結んだ当時最大の武門藤原信頼がいったんその職を占めるものの、その滅亡後には清盛が復帰、ついで重盛《しげもり》・宗盛《むねもり》・知盛《とももり》と、清盛の子息たちが独占する。したがって、後白河院政期において、御厩別当はほぼ平氏に付随する役職となっていたと言ってよい。

院御厩別当（司）が源氏側からも垂涎《すいぜん》の的となったのは当然で、法住寺《ほうじゅうじ》合戦に勝利した木曽義仲もこの職を奪取している。その院御厩司に義経が就任したのである。彼は、まさしく後白河院の側近中の側近として、院の家産機構《かさんきこう》に組み込まれたことを意味する。高橋氏によると、忠盛以下の伊勢平氏は院政の軍事的支柱であり、また京の軍事的中心だったという。義経は、平氏が構築してきた立場を継承しようとしたことになる。

壇ノ浦合戦から帰京した義経が、捕虜となった平時忠《ときただ》の娘と結婚したことはよく知られている。この婚姻には、『平家物語』が述べるような機密文書の奪取、あるいは減刑を目指した時忠側の策略という側面もあったのかも知れない。しかし、これまで述べてきたような義経の立場を考えれば、むしろ平氏の伝統的地位を継承しようとした義経の、あるいはそれを継承させようとした後白河院の思惑の結果と見るべきではないだろうか。のちに、頼朝の刺客《しかく》土佐房昌俊《とさのぼうしょうしゅん》が上洛した際、かつて清盛の配下であった禿《かぶろ》を偵察に派遣したという『平家物語』の逸話も、こうした事情を裏付けるものといえる。

平氏の伝統の復活という問題は、幕府の御家人にも影響を与える。かつて平氏家人《けにん》であったために幕府内部で不安定な立場にあった不満分子たちが、義経のもとに参入する可能性も高まるのである。野口実氏が指摘した、両総平氏一門で千葉一族と対立する片岡一族の動きはその一例である。また、武蔵国において畠山《はたけやま》・比企《ひき》氏などと微妙な関係にあった義経の姻族河越《かわごえ》氏と、周囲の軋轢《あつれき》も高まったものと思われる。

さらに、御厩別当（司）には平泉藤原氏との連携という側面もあった。当時、多くの院の厩舎人《うまやのとねり》が馬・砂金《さきん》を求めて平泉に下向しており、砂金とともに多くの駿馬《しゅんめ》が陸奥《むつ》よりもたらされている。御厩を統括する別当と平泉藤原氏は、厩舎人の活動や馬の貢納《こうのう》を通して、当然のことながら深いつながりをもつことになる。

また内乱以前、すでにふれた藤原範季《のりすえ》が院分国の受領《ずりょう》として陸奥守であったことも、院と陸奥の密接な関係を物語る。そして、元暦《げんりゃく》元年（一一八四）十月には、平氏の手で任命された陸奥守秀衡《ひでひら》に代わり、藤原宗長《むねなが》がその地位を襲っている。この宗長こそは、院近臣にして豊後《ぶんご》国の知行《ちぎょう》国主だった藤原頼輔《よりすけ》の孫にほかならない。

図19　藤原頼輔一族系図

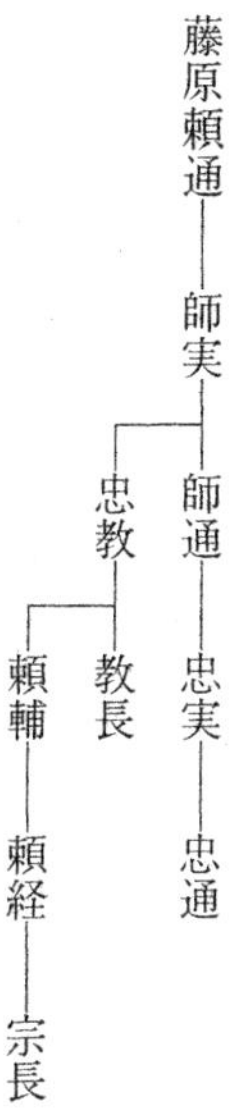


頼輔は、十一世紀後半の摂関藤原師実《もろざね》の五男権大納言忠教の子で、兄には頼長の側近として保元の乱に参

戦し、常陸に配流された教長《のりなが》がいる。頼輔は平治の乱の翌年に豊後守に就任、以後自身が受領を離れたあとは、息子の頼経《よりつね》、そして宗長が地位を継承しており、二〇年にわたって豊後を知行していた。その間、蹴鞠《けまり》の達人として、遊芸を愛好した後白河院の側近の地位を確立している。

『玉葉』治承五年（一一八一）二月二十九日条によると、その頼輔は豊後国内の反乱に際して自ら現地に下り、武士の鎮圧を試みた。これを耳にした兼実は「物狂い」と嘲笑《ちょうしょう》したが、予想に反して頼輔は平定《へいてい》に成功する。二年後の寿永二年、義仲に京を追われ大宰府《だざいふ》に下向《げこう》した平氏一門を撃退したのは、後白河・頼輔の命を受けた豊後の武士緒方惟義であった。すなわち、頼輔は豪族緒方氏を服従させていたのである。のちに義経が京を退去する際、孤立無援《こりつむえん》の彼を支援したのも豊後の武士であった。頼輔は豊後の武士団を院の武力として組織していたことになる。その頼輔の孫が陸奥守に就任していたのである。

元来、平泉《ひらいずみ》と深い関係を有した義経は、院の御厩司として、より緊密に連携することになった。そして、その陸奥には、豊後で地方豪族組織化の実績を有する頼輔の孫宗長が受領の任に就いたのである。こうして見ると、後白河院と頼輔、義経を中心に、平泉藤原氏や、豊後緒方氏を結ぶ、広域的で大規模な院の軍事組織が形成されようとしていたと見ることができるのではないか。それは、厩別当を独占的に継承した院近臣藤原氏末茂流と伊勢平氏を中心とした鳥羽院政期の軍事組織の再現であり、さらに地方豪族をも組織する点で、より大規模なものを目指していたと言えよう。

義経の御厩司補任が頼朝に無断であったとは考えにくいが、かりに後白河の独断であったとしても、これをことさら頼朝との対抗を意図したものなどと見なす必要はない。頼朝も後白河の王権に従属する存在に他ならない。平氏政権以前の院は、北面を中心に思いのままに動かせる独自の武力を有していたことを考えれば、対立する皇統を壊滅させ正統王権としての地位を確立した後白河が、独自の武力を再建するのも当然であった。後白河にしてみれば、東国・北国は頼朝に、京と奥羽《おうう》・西国《さいごく》は義経や頼輔一門に、それぞれ軍事的支配を委《ゆだ》ね、院の権威を全国に浸透させる心づもりだったのではないだろうか。

しかし、後白河に敵意はないにしても、頼朝にとってこうした動きは蔑《ないがし》ろにできるものではなかった。すでに彼は院を擁護する武力を独占する方針を立てていた。それにもかかわらず、院が京を中心に独自の軍事体制を構築し、しかもそれが幕府に内紛の火種をもたらしたり、頼朝にとっては大きな脅威でもある平泉藤原氏をも組織するとなれば、とうてい容認できるはずもなかった。

義経の御厩司就任の重大さに気づいた頼朝は、将来の自身の立場を平治の乱における義朝に、そして義経を清盛になぞらえた可能性もある。そして、この懸念は義経に対する憤《ふん》懣《まん》を生み、圧力に転化してゆくことになる。

帰京するや後白河院から院の御厩司に任じられた義経は、頼朝の妹婿一条能保、そして捕虜となった平宗盛父子らとともに、五月七日に京を出立して鎌倉に向かっていった。京には一〇日程の滞在だったに過ぎない。そのころ、兄頼朝は次第に態度を硬化させていたのである。

# 挙兵と没落

# 深まりゆく亀裂

## 鎌倉下向

頼朝《よりとも》と義経《よしつね》はなぜ対立し、義経は没落せねばならなかったのか。

義経は当初の頼朝構想通り、京武者・西国《さいごく》武士を統率して平氏《へいし》を迅速に滅ぼした。しかし、壇《だん》ノ浦《うら》合戦《かっせん》では頼朝の意図や東国《とうごく》武士の出撃という情勢の変化を無視して、安徳《あんとく》天皇や時子《ときこ》の生還、宝剣の奪回に失敗し、東国武士の勲功《くんこう》の機会を奪った。さらに、帰京するや後白河《ごしらかわ》の御厩司に就任、かつての平氏の地位を継承し、頼朝が警戒する平泉《ひらいずみ》藤原氏とも連携した。義経の行動には頼朝の怒りや不信を招きかねない点が多かったのは事実である。

では、こうした問題を抱えた両者の関係は、いかにして決定的な破局にいたるのか。この点を最も詳細かつ具体的に説明しているのが『吾妻鏡《あずまかがみ》』である。

同書によると、景時《かげとき》の讒言《ざんげん》などで頼朝が激怒したことに驚いた義経は、五月七日に「異《い》心《しん》なき」旨の起請文《きしょうもん》を頼朝に届けた。しかし、「自専《じそん》」に走ってきた義経が今頃になって弁明したことが、かえって頼朝の怒りを増幅してしまった。ついで五月十五日、義経一行は鎌倉手前の腰越《こしごえ》の宿に到着する。宗盛《むねもり》父子は北条時政《ほうじょうときまさ》に引き渡され鎌倉に入ったが、義経は腰越に留められた。頼朝から鎌倉での対面を拒絶された義経は、二十四日、有名な「腰越状《こしごえじょう》」を頼朝に送り弁明するが、頼朝の態度に変化はなく、六月九日、ついに対面も認められないまま帰京を命じられた。これに怒った義経は、「関東に怨みをなす者は義経に属すべし」との放言《ほうげん》に及んだ（六月十三日条）。

すなわち、『吾妻鏡』によると、任官問題で芽生えた頼朝の義経に対する疑念は、梶原景時の讒言によって決定的となっていた。そして、義経の鎌倉下向《げこう》の段階で、兄弟の関係は完全に決裂したことになる。しかし、任官問題などと同様、壇ノ浦合戦以降の両者の対立に関する『吾妻鏡』の記述にも多くの疑問が指摘されている。

まず、鎌倉において義経が頼朝に対面を拒否されたか否かも疑わしい。たとえば、『延《えん》慶本《ぎょうぼん》』など、『平家物語』の中でも古態《こたい》を示す読本《よみほん》系統の作品では、対面はしたものの、頼朝が冷淡な態度をとったために義経は失望したとする。両者の関係は悪化の兆しを見せてはいたが、決定的な破綻に至っていなかったことになる。ちなみに、『延慶本』は、両者の対立については、頼朝の警戒と並んで、後述する伊予守《いよのかみ》補任《ぶにん》を恩賞として不満とした義経の野心にも原因を求めている。

「腰越状」についても、つとに文体などを通して偽作説が出されているが、文面から見ても大きな疑問がある。もし義経が弁明するならば、頼朝の怒りの原因について弁明する必要があるが、最も問題となった「自専」には一切ふれられていない。神器の紛失や安徳の自殺などの頼朝構想の否定、あるいは東国武士に対する軽視などへの言及も見られず、あるのは自身の不幸な生い立ちや合戦の苦心談ばかりである。事実とすれば、あまりに能天気な書き方と言わねばならない。

また、五位《ごい》の衛門尉《えもんのじょう》任官を「当家の面目《めんぼく》、希代《きだい》の重職《じゅうしょく》」としているが、衛府《えふ》の検非違使《けびいし》は受領《ずりょう》より格下の地位に過ぎない。河内《かわち》源氏においては、受領を望みながら実現せず、保元《ほうげん》の乱で敗死した、義経の祖父為義《ためよし》の官位であり、到底「当家の面目」などではありえないのである。京で活躍し、官職事情に通じていた義経なら、このような書き方をすることは考え難い。こうした点を勘案すると、偽作説を支持すべきものと考えられる。

この「腰越状」には、兄弟の情愛に訴えた「骨肉同胞《こつにくどうほう》の儀、すでに空《むな》しきに似る」、あるいは「芳免《ほうめん》に預かれば、積善の余慶《よけい》を家門に及ぼし、永く栄花《えいが》を子孫に伝えん」といった言葉が見える。頼朝が弟に冷酷であることを責め、冤罪《えんざい》を晴らせば子孫は安泰となる、言い換えれば親族に冷酷であれば子孫が断絶することを予告した内容といえる。『吾妻鏡』の編者は、この叙述を通して源氏が三代で断絶した原因を、義経に冷酷であった頼朝の所行《しょぎょう》に帰そうとしたのである。あえて「腰越状」を掲載した理由は、ここにあったと考えられる。

また、すでに指摘があるように、この時点で破局を迎えていたなら、頼朝は義経の帰京を許しはしない。かつての一条忠頼のように鎌倉において処刑するか、拘束したはずである。頼朝が義経を帰京させた原因を、後白河と結合させた上で挙兵に追い込もうとしたとする解釈もあるが、仮にそうだとしても挙兵が四ヵ月も先の十月まで延びる理由が不明確である。また挙兵以来一貫して後白河と連携を続け、その正当性に依存してきた頼朝が、安易にそうした行動を取るとは思われない。第一、この時点で自身の勢力が十分及ばない西国《さいごく》において、院から公認された義経の挙兵を確実に鎮圧する自信が頼朝にあったのかどうか。

図20　平宗盛（「天子摂関御影」より，宮内庁三の丸尚蔵館所蔵）

しかも、帰京する義経は、平氏の総帥《そうすい》宗《むね》盛《もり》・清宗《きよむね》父子の処刑という、源平合戦の幕引きに相当する重要な任務を与えられていた。また、七月には義経の留守中に京の治安維持を担当していた鎌倉殿御使、中原久経と近藤国平が鎮西に出立《しゅったつ》している。これも、義経の帰京にともない、義経に治安維持の役割が返還されたものと考えられる。頼朝は、任官した御家人《ごけにん》に朝廷に対する奉公を厳命したのと同様に、検非違使である義経にも追討に出立する前と同様に、京・畿内《きない》を警護するように命じたのである。頼朝がすでに義経に見切りをつけていたのなら、こうした重要な役割を委ねることはありえないだろう。

武士社会は軍功を至上とする。かりにも、頼朝の命に従って平氏討滅の大功をたてた義経を、寵臣《ちょうしん》の讒言のみでにわかに排斥《はいせき》しようものなら、頼朝の軍事組織は崩壊するであろう。以上のように、鎌倉下向段階において両者の関係は悪化の兆《きざ》しを示していたが、破綻していたとする『吾妻鏡』の記事をそのままに信じることは困難である。

義経は京に帰る途中の六月二十一日、近江《おうみ》国篠原で前《さきの》内大臣平宗盛の首を切った。宗盛の首は二日後に京で梟首《きょうしゅ》された。大臣の首渡しは前代未聞の事件となったが、頼朝は義経を通して、首をさらすか捨てるかのいずれかにするように朝廷に打診している。平氏一門をあくまで謀叛《むほん》人、政権簒奪《さんだつ》者に位置づけた処置である。これは、源氏の平氏に対する激しい憎悪の所産でもあるが、同時に後白河の平氏に対する怨念に沿った処分とも言えよう。後白河院は三条東《ひがしのとう》洞院《いん》において、宗盛父子の首を見物している。

## 没官領の処分

話は義経がまだ腰越にいたとされる六月八日に遡る。この日、頼朝は多田行綱から「きくわい（奇怪）」というあっけない理由で、摂《せっ》津国多田荘を奪取したとされる。多田といえば、武門源氏発祥の地である。一〇世紀後半、安和《あんな》の変で密告者の役割を果たして摂関政治確立の裏面に貢献し、武門としての源氏を確立した源満仲《みつなか》が開発した所領にほかならない。

当地を支配してきたのが、頼光の子孫で本来武門源氏の嫡流だった多田源氏であり、当時の当主行綱は、先述のように一《いち》ノ谷《たにのかっせん》合戦で平氏方の山手を突破した立役者であった。その行綱が突如として多田荘を奪われたのである。

多田は伊賀《いが》守護の大内惟義《おおうちこれよし》に与えられた。惟義は、当時武蔵《むさし》守の任にあった信濃《しなの》源氏の平賀義信の長男で、のちに頼朝の推挙で相模《さがみ》守に就任する一方、畿内周辺の守護を兼任し、後鳥羽《ごとば》院の側近にも加わる源氏一門の有力武将である。源平争乱では一ノ谷合戦に従軍したほか、元暦《げんりやく》元年（一一八四）七月に守護の任にあった伊賀で平氏一門の蜂起《ほうき》に遭遇し、多くの郎等《ろうとう》を殺害されている。その際の対応を頼朝に叱責《しっせき》されてからは史料に姿が見えず、西国の平氏追討にも参戦していない。おそらくは伊賀にとどまって伊賀平氏蜂起の戦後処理を行ったり、京や周辺の治安維持を担当したりしていたのであろう。

さて、多田荘奪取を命じた文書は案文《あんもん》だけに慎重な検討が必要だが、頼朝が「大夫判官沙汰にしらせ給所知とも、いまはしらせ給まわし」と述べた点は注意される。行綱は義経の「沙汰」で知行していたのである。このことは何を意味するのであろうか。

多田荘は元来摂関《せっかん》家領であった。摂関家領は仁安《にんあん》元年（一一六六）の摂政藤原基実《もとざね》死去に際し、後家《ごけ》で清盛の娘盛子に継承され、事実上清盛に押領《おうりよう》されている。このため、おそらく同荘の預所職《あずかりどころしき》などが平氏の手にわたり、没官領《もつかんりよう》となっていたのであろう。その下に属していた行綱の立場も不安定となったが、一ノ谷合戦参戦などが評価され、義経が一応安堵していたものと考えられる。それが、義経の「沙汰」の意味であろう。

次に、頼朝が多田荘を奪取した背景を検討してみよう。義経の「沙汰」を否定したものの、これは処罰ではなかった。本来、没官領の正式な処分権は頼朝にあり、義経の措置は一時的なものに過ぎない。一ノ谷合戦の功績があったとは言え、かつて平氏や義仲に属した行綱が処罰されることは、けっして不当ではなかったのである。

頼朝が多田荘を奪った目的の一つは、行綱のような自立性の強い京武者を強引に従属、没落させることにあった。行綱は風見鶏《かざみどり》と揶揄《やゆ》されるごとく、元来後白河の北面《ほくめん》に加わりながら、鹿ケ谷《ししがたに》事件を密告して平清盛に従属、平氏都落ちでは義仲に呼応《こおう》して蜂起したかと思えば、義仲と後白河が対立するや、院に従って義仲に反抗した武将である。かつて、平氏や義仲に従属した点を、頼朝は忌避したのであろう。

同時に、頼朝には多田荘を掌中《しょうちゅう》に収める必要もあった。頼朝が平氏追討の功績で従二位に叙されるまで、武門源氏の公卿と言えば摂津源氏の頼政のみであり、摂津源氏は長兄頼光《よりみつ》の系統として、弟頼信の河内源氏に対し高い権威を有していた。それだけに、頼朝は武門源氏嫡流の地位を確立するために、武門源氏の象徴ともいうべき多田荘を摂津源氏の行綱の手から奪取し、自身の支配下に置こうとしたのである。

ところで、『百練抄《ひゃくれんしょう》』という書物がある。これは鎌倉後期の編纂《へんさん》史料ではあるが、朝

図21　多田神社（多田神社提供）

廷において代々弁官や蔵人頭《くろうどのとう》などを勤めた、勧修寺《かじゅうじ》家歴代の日記の抄出とされ、かなり信憑性《しんぴょうせい》の高い史料である。同書の六月十二日条には、頼朝の「謀叛の輩の所知所領、他人に改替し計《はか》らいおくべし」という書状が京に到着したとある。この段階で、謀叛人跡として頼朝側が没収した所領の正式な処分が開始されたことになる。日付は遡るが、多田の処分も、こうした政策の一環だったと言えよう。

一方、六月十五日付の下文《くだしぶみ》によって、伊勢国内における旧平信兼領、波出《はで》御厨《みくりや》・須可《すか》荘以下が惟宗忠久に与えられたことは、没官領地頭の成立としてよく知られている。惟宗忠久は東国武士とも関係するが、本来は摂関家の下家司《しもけいし》出身で京武者的な性格を有していた。この補任《ぶにん》は、信兼の旧領に摂関家領が含まれていたことと関係するのであろう。

『吾妻鏡』元暦元年九月九日条によると、京内にあった平氏家人の家地《やち》の処分については院の御定に従うとしたのに対し、平信兼領を義経の沙汰とする命を下している。信兼追討を義経が担当したことを考えれば、伊勢の所領も義経が管理していた可能性が高い。

文治元年十月、義経は没官領二〇ヵ所余りを没収されたことを頼朝に対する挙兵理由の一つとしている。結果的に、義経は大きな戦功を挙げながら、逆に所領を没収されたことになる。しかし、それは挙兵の決意という決定的な局面から振り返った義経の判断であった。元来、これらの所領も処分権は頼朝にあり、義経に給与されたものではなかった。義経の恩賞には頼朝からの受領推挙などが想定されていたのである。したがって、没官領に関する措置を単純に義経に対する抑圧や処罰と考えることはできない。

ただし、義経による多田行綱の組織化、京武者との連携を通した独自の基盤強化が抑止されたことは事実である。義経は入京時の重要な協力者平信兼一族を滅亡させたのに続き、一ノ谷合戦の盟友多田行綱の所領没収を救済できなかった。しかも、義経がいったんは安堵した所領を奪われたのであるから、義経に対する京武者の不信や反発を招いたのは当然といえる。このことが、頼朝に対する挙兵に際し、彼が孤立する一因となったのである。

一方、義経が管理していた所領を与えられたのは、摂関家に関係する惟宗忠久や、伊賀守護の大内惟義であり、けっして平氏追討に活躍した東国武士たちではない。惟義に多田を与えたことには、義経にかわる新たな在京軍事体制構築を目指す頼朝の意図が秘められていたのではないか。頼朝が最も問題としていたのは、義経が後白河と過度に結合して独自の権威をもち、京武者たちとも連携していたことだったのである。そして、このころ頼朝には、義経の鎌倉召喚という構想が頭を擡《もた》げていたと考えられる。

宗盛らの首が大路を渡された直後の六月二十九日、除目《じもく》において頼朝の恩人の息子平頼盛が、後白河の院分としての推挙を受け播磨《はりま》を知行することになった。これを聞いた兼実は「九郎、賞なきはいかが。定めて深き由緒《ゆいしょ》あるか。凡夫《ぼんぷ》、覚悟せず」と後白河の政務の不平等を批判している。しかし、これは頼朝の推挙による人事であり、けっして後白河の恣意《しい》の結果ではなかった。そして頼朝も、義経に相応の恩賞を予定していたのである。

### 伊予守就任

義経の帰京から一月半を経た八月十六日、朝廷では頼朝の「申行」（申請）によって除目が行われ（『玉葉』）、義経は伊予守に補任された。伊予守の前任は寿永二年の法住寺合戦に勝利を収めた義仲であったから、同国も一種の没官領といえる。この時、あわせて推挙された源氏一門は、伊豆守山名義範、相模守大内惟義、上総介《かずさのすけ》足利義兼《あしかがよしかね》、信濃《しなの》守小笠原《おがさわら》遠光、越後《えちご》守安田義資《よしすけ》の五名である。『吾妻鏡』はこれら六ヵ国がすべて関東分国、すなわち頼朝の知行国であったとする（八月二十九日条）。

まず義経以外の顔ぶれを紹介しておこう。山名義範は上野国の新田義重《よししげ》の男で、当初頼朝に反抗した父と異なり早くから頼朝に伺候《しこう》し、一ノ谷合戦にも参戦している。彼の優遇は義重に対する牽制とみられる。一方、甲斐源氏の傍流で、早くから頼朝に従った遠光、父義定同様に優遇された義資の起用も、甲斐源氏嫡流に対抗させたものであろう。

こうした分断措置と異なり、惟義と義兼の受領推挙は元来緊密な関係にあった一門の優遇策であった。惟義は先述のように、当時武蔵守の任にあった信濃源氏平賀義信の嫡男で、平氏残党が多数存在する伊賀の守護、行綱から奪った多田荘の地頭に加えて、幕府の膝下というべき相模の受領となった。もっとも、文治《ぶんじ》年間には惟義の鎌倉における活動はほとんど見えないので、この受領は実質的には父武蔵守義信が兼任した可能性もある。

義兼は、保元の乱に際し義朝の同盟軍となった義康の息子で、その母は頼朝の母と姉妹、あるいは叔母・姪の関係にあったとされる。このため早くから頼朝と提携しており、先述のように治承四年十二月、富士川合戦後の侍所《さむらいどころ》開設にも出仕《しゅっし》している。

前年六月と今回の人事によって、頼朝は従属する一門の有力者を受領に任用し、朝廷の秩序によって序列化・統制したことになる。受領たりうる一門と一般御家人、頼朝に従順な一門と疎外される一門との差別が明示されたのである。

さて義経は伊予守に就任した。義経は前年の兄範頼と同様に平氏追討を成功させた大将軍として評価されたことになる。没官領が一時的に預けられたものに過ぎなかったのに対し、伊予守こそは源平争乱の勲功に対する最終的な恩賞であった。『吾妻鏡』八月二十九日条は、頼朝が四月に受領に推挙してしまったので、義経との関係が破綻しても取消せなかったとするが、同書の叙述には大きな疑問があり、とうてい信じがたい。

伊予守は、院政期には播磨守とともに「四位上臈《しいじょうろう》」が任じられた（『官職秘抄《かんしょくひしょう》』）。受領に三位以上は補任されなかったから、受領の最高峰である。このため代々の伊予守は院近臣の大物ばかりであった。内乱が勃発すると、その勝者たちが補任された。平治の乱後には清盛の嫡男重盛が、そして法住寺合戦後には院を屈伏させた義仲が就任している。

また、かつて前九年合戦を平定した源頼義も、恩賞として伊予守に就任していた。義経は先祖の栄光を踏襲し、追討軍の大将軍として誰しもが納得する、まさしく最高の恩賞を得たことになる。義経は栄光の頂点に立ったのである。のちに義経は、頼朝の地頭補任による国務妨害を挙兵の理由の一つとしている。このことは、本来義経は国務の実権を握る受領であり、頼朝の知行国ではなかったことを意味する。義経は高い政治的権威と豊かな経済基盤を得たことになる。

しかし、この人事には、頼朝の思惑も込められていた。受領は遙任を原則とするから任国に赴かないのはもちろん、範頼たちのように鎌倉に居住することができる。そして、受領就任と同時に検非違使を離任するのが当時の原則であったから、義経が在京する理由も消滅する。すなわち、頼朝は受領補任を通して、義経を京から引離して鎌倉に居住させようとしたのである。言い換えれば最高の名誉を与えながら、自身の統制の下におく。それが、後白河との協調を維持しながら、穏便に義経問題を解決しようとする頼朝の基本的な方針ではなかったか。

しかし、頼朝の思惑は外れた。驚くべきことに、義経は伊予守に補任後も検非違使・左衛門尉を兼帯し続けたのである。本来、受領の検非違使・衛府の兼任はありえないことであった。兼実も「大夫尉《たいふのじょう》を兼帯の条、未曾有《みぞう》、未曾有」と驚きを隠さない。貴族社会の慣行をも無視した強引な人事を実現したのは、もちろん後白河である。

後白河の意図はいうまでもないだろう。義経を京に留めることにあった。先述のように、四月十五日付で御家人に命じた頼朝自身の方針もあって、官職を有する源氏一門・御家人には朝廷に対する奉仕が義務付けられていた。検非違使に留任した義経は、職務遂行のために京に留まらざるを得なくなったのである。

本来、伊予守補任は、義経を検非違使から切り離し、後白河や朝廷に対する奉仕から解放し、義経を京から鎌倉に召喚《しょうかん》することも可能にしたはずである。義経の鎌倉召喚、それは同時に、義経と藤原頼輔一族を基軸とする後白河の軍事体制の解体をも意味していた。治天《ちてん》の君《きみ》に相応しい軍事体制を目指す後白河が、義経を手放すはずもなかったのである。『吾妻鏡』は、前年七月における義経の検非違使任官を、頼朝との対立の原因としているが、先述のように事実とは考え難い。しかし、今回の検非違使留任が、両者の関係を悪化させる決定的要因だったことは疑いない。ここに、『吾妻鏡』が誤って最初の検非違使補任を対立の発端とした原因があった。

検非違使留任は義経の希望でもあったに相違ない。彼も鎌倉における頼朝の冷淡な態度から、上総介広常《かずさのすけひろつね》や一条忠頼《いちじょうただより》らと同様の運命をたどる危険を覚えたことであろう。むろん、東国武士たちが自身を嫌悪する空気も察知していたはずである。義経が賛嘆と栄光に包まれた京を離れ、敵意と暗鬱《あんうつ》な記憶に覆われた鎌倉に戻ることを忌避するのは、当然のことであった。彼は治天の君の権威を背景に、「父」頼朝の意図に逆らったのである。

この人事によって、後白河が義経を基軸とした独自の軍事体制を構築する意図が明白となった。唯一の王権の守護者を目指す頼朝にとって許しがたい事態である。さらに、そのことはまだ幼弱《ようじゃく》な幕府に重大な危機を及ぼすことにもなる。

義経の岳父平時忠《ときただ》一族は配流《はいる》と決まりながら依然在京し、後白河や義経の庇護《ひご》を受けていた。義経と平氏残党との結合が疑われるのも当然である。先述した両総平氏の異端片岡一族など、元平氏家人など幕府の不満分子が義経のもとに結集する動きもあった。こうなれば幕府の分裂である。さらに、頼朝の養子でもある義経が、後白河の支援を得て政治的地位を上昇させれば、幼い頼家《よりいえ》を退け、幕府を奪取する可能性も存した。そして、何よりも「父子」であるからこそ、頼朝は義経の反抗を断じて許せなかった。

かくして、壇ノ浦合戦以来不気味な不協和音を発してきた頼朝と義経との関係は、ついに決定的破綻を迎えることになる。義経や後白河がどのような事態を想定していたのかはわからない。しかし、頼朝は義経討伐に動いた。時に文治元年十月。

# 運命の挙兵

文治《ぶんじ》元年十月十三日、九条兼実《くじょうかねざね》は家司《けいし》藤原季長《すえなが》の報告に仰天《ぎょうてん》した。京に平穏をもたらし、安寧《あんねい》を守護してきたはずの義経《よしつね》が、何と叔父行家《ゆきいえ》と手を結び、鎌倉の頼朝《よりとも》に反逆するというのである。背景については、さまざまな説が飛び交った。

## 頼朝追討宣旨

頼朝が義経の勲功《くんこう》を否定したばかりか、「遏絶《あつぜつ》」の気配、すなわち滅ぼそうとする動きが原因だ、鎌倉にも頼朝を怨《うら》む者が多数いて義経・行家と通謀《つうぼう》している、頼朝が後白河院《ごしらかわいん》の意志に背《そむ》くことが再三に及んだことも挙兵の一因だ、平泉《ひらいずみ》藤原氏も動きだした等々。これでは、せっかくの平和も束《つか》の間《ま》、またしても天下動乱の兆《きざ》しである。

四日後の十七日、兼実は後白河の使者高階泰経《たかしなやすつね》から、さらに詳しい情報を聞かされた。十三日に義経が頼朝追討の宣旨《せんじ》を後白河院に求めたのは、紛れもない事実であった。泰経によると、すでに反頼朝の兵を挙げていた行家を制止しようとして、十一日から説得に向かった義経は、逆に行家と同意して挙兵を決心したというのである。

さらに、泰経は言う。義経が挙兵を決意した理由は、頼朝代官として再三大功を挙げたにもかかわらず、称賛されるどころか次々と抑圧を受けたことにあった。まず、恩賞として補任《ぶにん》された伊予《いよ》国には地頭《じとう》が設置され、国務が困難となった。頼朝から与えられた二〇カ所余りの没官領《もつかんりよう》は、勲功を立てたのちに取り返され、郎従《ろうじゆう》に与えられてしまった。そして、頼朝が郎等《ろうとう》を派遣して義経殺害を企てたとの噂を聞き、事ここに至ったならば、墨俣《すのまた》に向かって頼朝と一戦を交える決意をしたというのである。この時、義経は退去したが、十六日に再び頼朝追討の宣旨を後白河に強要し、勅許《ちよつきよ》がなければ院以下を引き連れて九州に下向《げこう》する構えを示した。このため後白河は近臣泰経を使者として派遣し、宣旨の可否について公卿《くぎよう》たちから意見を徴《ちよう》したという。以上が院使泰経の言葉である。

兼実は、頼朝に過ちがないとして宣旨の発給《はつきゆう》に反対した。しかし泰経は、平氏政権下、義仲《よしなか》支配下の二度にわたり、一時の難を逃れるために、後白河が不本意な頼朝追討を命じた先例を示しながら、兼実に宣下《せんげ》の同意を求めたのである。もはや、宣下は不可避となっていた。

それでも兼実は、宣旨はあくまでも後白河の決定に委ねるという姿勢を示すとともに、義経をなだめて事情を聴取し、頼朝にも義経処罰の意図を尋ねるべきであったとして、後白河の姿勢を批判した。本来王権の担い手は、高次元の調停者という重要な役割を有しており、兼実の主張はまさしく正論であった。だが、時すでに遅く、しかも先の法住寺合《ほうじゅうじのかっ》戦《せん》からもわかるように、後白河は気に入らない相手には、自身が率先して武力衝突を企てる性癖があった。彼に調停行為など、望むべくもなかったのである。

さらに、兼実は頼朝が義経を鎌倉に召喚して処罰せず、京に刺客《しかく》を派遣したことを、朝廷の権威を否定するものとして厳しく非難している。親頼朝派の兼実でさえも、勲功を立てた義経を殺害しようとしたことで「頼朝の心操、これをもって察すべし」と厳しい批判を記した。同時に、「義経、頼朝においてはひとえに父子の義なり。たちまち追討宣旨を申し下し、頼朝を誅滅《ちゅうめつ》せんと欲するの条、大逆《たいぎゃく》の罪なり」とも記した。親頼朝派の兼実にしてみれば、義経の側の責任も触れざるをえないのであろう。

むろん、貴族でも武士でも父権は絶対であり、反逆は許されない。それにもかかわらず、義経が挙兵したところに、追い詰められた状況が窺われる。泰経の言葉によると義経挙兵の理由は、地頭補任による伊予の国務妨害、没官領没収、刺客の派遣の三点であった。

先述のように伊予守補任は没官領再分配の代替であったから、伊予の国務妨害と没官領没収は一連の行為となる。国務妨害は義経独自の経済的基盤を奪い自立性を制約しようとする頼朝の策謀である。義経は経済的に追い詰められた。先述のように伊予守補任には鎌倉召喚という意味もあったが、後白河・義経は検非違使に留任することでそれを拒絶した。地頭補任、国務妨害は鎌倉下向忌避に対する報復と考えられる。

義経が鎌倉下向を忌避したのは、頼朝に「遏絶」―滅亡―させられることを恐れたためである。そこで、ついに頼朝が暗殺隊を派遣した。ここに、生命自体を否定される危険に直面した義経は、挙兵を余儀なくされたというのである。

最終的な破綻の背景として注意されるのは、十月二十四日に鎌倉で頼朝・義経の父義朝の菩提《ぼだい》を弔《とむら》う勝長寿院の供養《くよう》が予定されていたことである。この儀式こそ、検非違使《けびいし》として京に留まった義経を召喚する格好の口実ではなかったか。史料で確認はできないが、勝長寿院供養の性格、また義経・行家以外の源氏一門がほぼすべて参列していたことを考えあわせると、頼朝と義経・行家との間に参列をめぐる軋轢《あつれき》があったとみられる。

もし、義経が養父頼朝の主催する義朝追善《ついぜん》儀式への出席を拒めば、これは家父長に対する反逆であり、「過絶」、すなわち敵対者としての討伐《とうばつ》も覚悟すべきであった。ここに、頼朝が刺客を派遣し、また義経が挙兵を決断した原因が存したのである。

この夜、はたせるかな院御所近隣である六条堀河《ほりかわ》の義経邸を、頼朝の放った刺客土佐房《とさのぼう》昌俊《しょうしゅん》一党が襲撃するに至った。さしもの義経側もいったんは劣勢に立つが、行家の助力を得て、撃退に成功したという（『吾妻鏡』）。結局翌十八日、左大臣藤原経宗を上卿として頼朝追討の宣旨が下されるに至った。もちろん、先述のようにこの襲撃が宣下を決定したわけではない。これ以前の段階で、後白河は宣下をやむなしと見ていた。では、どうしてこの時点で挙兵が決断されたのであろうか。

ここで注意されることは、義経が挙兵した背景に行家の挙兵があったことである。義経は、すでに頼朝に謀叛《むほん》を起こしていた行家を制止しようとしたが承知せず、逆に義経も行家に同意したことが記されている。そこで義経挙兵の前提として、まず行家の謀叛についてふれることにしよう。

## 挙兵の背景

『吾妻鏡』文治元年（一一八五）八月四日条によると、この日源行家の謀叛が発覚し、佐々木定綱に対して近国の御家人を統率して追討すべきことが命ぜられている。そして、入京して義経の様子を窺っていた梶原景時の嫡男梶原景季《かげすえ》から、義経が病気を理由に行家追討を拒んだことが伝えられた（十月六日条）ことから、頼朝の義経に対する疑惑は決定的になり、土佐房昌俊が刺客として派遣されることになったとする。

しかし、この記述にも疑問が残る。行家は、一ノ谷合戦《いちのたにのかっせん》の直前にわずかな武力を率いて京に戻ったことが『玉葉《ぎょくよう》』に見えて以来、活動の記録は残されておらず、あまりに唐突な記事である。おまけに、追討を命ぜられたはずの定綱は、十月十日に勝長寿院供養の導師となる園城寺《おんじょうじ》の公顕の出立を沙汰し、同月二十四日には鎌倉において同院の供養に出席するなど、追討に従事していた様子はみえない。

また、『玉葉』でも、行家の挙兵が判明するのは十月十三日である。さらに、九月二十六日に九州から鎌倉に向かう範頼《のりより》が入京しているが、京は素通りしている。もし、行家がすでに挙兵していれば、その鎮圧などに関与したであろう。十月十七日条に見える義経の奏上では、初めて義経が行家を制止に向かったのは十一日であったという。

こうしたことから考えて、八月はじめに行家が挙兵したとする『吾妻鏡』の記述は疑問である。彼は、鎌倉に帰還する範頼が通過し、京周辺に鎌倉軍の空白ができた十月初頭に挙兵したのであろう。ただし、近江の御家人佐々木定綱が追討を命ぜられたとする記述には、若干の真実が反映されていたのではあるまいか。

ここで注目すべきは『玉葉』の十月十三日条の記事である。この日の記事の前半には、先述のように義経・行家挙兵の噂が記されているが、それに続いて延暦《えんりやくじ》寺僧慶俊律師が右大臣九条兼実に対して、その弟慈円《じえん》の法性寺座主《ほっしょうじざす》辞任問題を後白河に奏《そう》したことを報告した記述がある。それに続いて、兼実は以下のように記した。

件《くだん》の慶俊は行家の子。今且(旦カ)江州《ごうしゅう》に向かいおわんぬ。その勢、幾《いく》ばくに非《あら》ずとうんぬん。よって院より甲冑《かっちゅう》を賜わるとうんぬん。およそ事の次第、夢の如し、幻の如し。

今朝、近江に向かったのは慶俊のように読めるが、使者として奔走している彼が「勢」(軍勢)を率いていたとは考えられない。したがって、この主語は彼の父、行家であり、ここで言う「その勢」とは行家の軍勢と考えるべきである。

すなわち、この日、行家は近江ですでに軍事行動を開始したが、その勢力が弱体なために、院自ら甲冑を与え、軍勢を鼓舞《こぶ》するとともに、他の武士の参集を促したのである。行家が近江で挙兵したことから、『吾妻鏡』は事実上の近江守護佐々木定綱が追討を命ぜられたと記したのであり、さらに義経・行家挙兵後の二十三日、近江武士が義経らに与同《よどう》せず、奥方に退いたことが『玉葉』にも特筆されたのである。

すでに述べたように、行家は義仲の在京中から後白河の側近であった。行家自身は散位《さんに》であったが、子息光家は寿永二年（一一八三）十一月から一貫して検非違使の地位にあり、後白河にも近侍《きんじ》するとともに、義経ともつながりを有していたと考えられる。その行家が、しかも後白河院の支援のもとで挙兵したのである。先述の泰経の談話では、義経は行家の説得に失敗して同意したとするが、行家の挙兵が後白河と連携していたのならば、義経の挙兵もまた本来同意の上の行動ではなかったか。

図22　後白河院（「天子摂関御影」より，宮内庁三の丸尚蔵館所蔵）

また、後白河の使者高階泰経は兼実に対し、後白河が宣下に「不本意」であったと述べた。しかし、後白河の行家に対する支援を考えると、これにはにわかに信じがたい。泰経の発言は、親頼朝派の兼実を説得するためになされた点を考える必要がある。行家、そして義経の挙兵の背景には、後白河の意志があったのである。

兼実も記したように、頼朝は後白河院の意志に背くことが再三に及んだという。すなわち、当時後白河は頼朝に対する不満を感じていたのである。その一つは義経の召喚をはじめ、後白河の軍事体制を解体しようとする頼朝の動きに相違ない。また、鎮西《ちんぜい》における範頼らの強引な活動をはじめ、鎌倉武士による濫行《らんぎょう》も後白河の不満を招いたことであろう。

安徳《あんとく》亡き今、唯一の正当な帝王となった後白河は、軍事動員を通して彼の権威を見せつけ、頼朝による義経召還の停止、西国進出の制約などを試みたのではないだろうか。挙兵に際し、豊後《ぶんご》の知行《ちぎょう》国主藤原頼経《よりつね》、そして豊後の武士たちも参加している。ここから、院の軍事体制を発動させようとした後白河の意志を看取《かんしゅ》することができる。

さらに、冒頭に掲げた兼実の推測のように、幕府内部の不満分子の動きがあったのも事実であろう。対立・競合が渦巻く幕府には分裂の可能性も十分想定できた。院軍制の一方の雄平泉藤原氏の動きも頼朝を牽制するはずであった。そして何よりも、多くの京武者・西国武士を率いて迅速に平氏を討伐した義経の武勇を、後白河は恃《たの》んだのである。

先述のように、勝長寿院供養への出席を拒否した段階で、行家・義経と頼朝との関係は険悪なものとなり、もはや挙兵を決断せざるを得ない状態であったと考えられる。また、その供養のために佐々木定綱・大内惟義《これよし》をはじめ主要な御家人が鎌倉に下り、さらに鎮西にいた範頼も濫行を問題にされて引き上げたことから、畿内《きない》・西国《さいごく》が一種の軍事的空白となっていた。こうしたことも、この時点で挙兵が決行された原因と考えられる。

十月十八日、ついに頼朝追討宣旨が下された。上卿《しょうけい》を勤仕《ごんし》した左大臣藤原経宗は「現在、在京している武士は義経一人である。彼の申状を斥《しりぞ》けて、もしも大事が発生したら、誰が義経に敵対するのか。したがって、申請に従って沙汰をするべきである」と称したという。貴族の大半は義経らの挙兵に批判的であった。自身の軍制を維持しようとする後白河、頼朝の圧力に抵抗する義経・行家には「大義《たいぎ》」があっても、一般の貴族たちにしてみれば、彼らの挙兵はようやく訪れた平和を乱す、迷惑な行為でしかなかったのである。

## 義経・行家の孤立

宣旨は下された。しかし、義経らに従う武士はほとんどなかった。『玉葉』の十月二十二日条には「宣下ののち武士を狩る。多くもって承引せず」と記されている。「狩る」とは「駆り出す」、すなわち強制徴発の意味である。宣旨によって公的動員がなされたものの、武士たちは従おうとしなかったことになる。また、翌日には先述のように、「近江の武士ら、義経らに与《く》みせず、奥方に引退す」という情報が伝わっている。

先にもふれたが、近江は行家が最初に挙兵した場所であった。あえて近江を拠点とした理由は、佐々木定綱らが鎌倉に下向した隙をつくとともに、後白河に近侍し義経とも連携のあった葦敷氏をはじめとする満政流などの京武者、さらには息子慶俊を通した延暦寺悪僧などの動員を図ったのではないだろうか。

同時に近江は交通の要衝《ようしょう》であり、ここを固めれば幕府側の進撃を阻止できるし、義経の盟友斎藤友実の拠点である越前とも連携が可能であった。さらに、想像をたくましくするなら、越前から日本海を経由すれば、奥羽《おうう》の平泉藤原氏との連絡も実現しえたのである。近江は大きな構想の核となる場所でもあったといえよう。

しかし、満政流など近江・美濃の源氏たちは、味方するどころか都落ちする義経・行家を追撃していた（『百練抄』十一月六日条）。彼らは没官領などを給与されて、すでに頼朝に臣従していたのであろう。延暦寺にも何の動きも見られなかった。かくして、近江を基軸とした壮大な構想は、はかない夢に終わってしまった。

また、『吾妻鏡』十月二十三日条によると、伊勢守護山内経俊の使者は、義経が宣旨によって武士を動員し伊勢の守護所を包囲した旨を伝えた。先述のように寿永三年（一一八四）正月、義仲追討を目指した義経は、伊勢の国人の協力を得ていた。それだけに、再度彼らとの連携を期待したのであろう。しかし、事態はすぐに沈静化したらしい。

こうした情勢を受けて、『玉葉』の二十一日条には「法皇、鎮西に臨幸するの儀、すべて許容なしとうんぬん。よって義経・行家など、たちまち件の儀を変ず」とある。追い詰められた義経・行家は、後白河を擁立した九州下向を匂わせたが、院は拒絶の態度示した。すでに、義経らは京で頼朝軍を支えることを困難と認識していた。また、早くも院は彼らと運命を共にするつもりはなく、見限るかのような姿勢を示したのである。

義経らは、頼輔一族の支援を得て、九州に下向を企てることになる。しかし、それを察知した多田行綱や大和源氏の一門である太田頼基など、摂津の京武者たちが義経に敵対する動きを見せはじめた。頼朝に先祖相伝の多田荘を奪われた行綱は、義経と結んで奪回を図ろうとはしなかった。何ら頼朝に抵抗できない義経を目の当たりにして、その限界を悟ったのである。むしろ、義経襲撃で頼朝に恩を売ることを選んだ。もっとも、行綱の名は『吾妻鏡』など一部の史料に見えるにすぎず、『玉葉』など確実な史料には見られない。所領没収とともに没落した可能性もある。

一方、太田は城郭を構えて行く手を阻むとともに、西走用の船を確保しようとした義経の郎等紀伊権守兼資を殺害した。この兼資も紀伊権守という官職からみて、京武者であろう。これに動揺した義経らが北陸に向かうという噂が流れた（以上『玉葉』十月三十日条など）。越前の斎藤友実や、平泉藤原氏との連携が想定されたのかもしれない。

しかし、『吾妻鏡』十一月二日条によると、友実は西国に向かう乗船を確保しようとしており、鎮西下向の方針は確定していた。その友実は任務の途中でかつて義経の家人《けにん》であった庄四郎に謀殺されてしまった。義経は僅かに残された盟友をも失ったのである。この庄四郎をはじめ、在京する鎌倉御家人たちも危険な存在であった。事実、彼らは藤原範季《のりすえ》の子範資《のりすけ》に率いられて義経を追撃している。京武者も含め、京の周辺も敵ばかりであった。

かつて平氏追討に際し、多くの京武者を統率して輝かしい勝利をおさめた義経が、院の支援を受けながら孤立したのはなぜか。もちろん、その最大の原因は頼朝の果断な措置によって急速に事態が進展し、十分武士を組織できなかったことにある。しかし、それだけではない。

義経の直属武力が少なく、京武者たちに参戦を強要できなかった面もある。また、すでに再三ふれたように、入京の協力者平信兼一族を葬り去り、一ノ谷合戦で義経に勝利をもたらした多田行綱を救済できなかったように、京武者に不信を与えていたことも要因の一つといえる。また、平氏追討に参戦した京武者に対し、義経は自ら恩賞を与えることはできなかった。屋島合戦《やしまのかっせん》に参戦した後藤基清らの京武者が鎌倉御家人として行動したように、義経は彼らを組織できなかったのである。

そして、京武者たちは平氏に怨念や脅威を有したからこそ、率先して義経の麾下《きか》に加わり、平氏追討に赴いた。しかし、彼らは義経に恩義もなく、逆に頼朝に敵意もなかったのである。ここに、挙兵に際して義経・行家が孤立した最大の原因があった。

一方、頼朝は勝長寿院供養のために源氏一門をはじめ、多くの御家人を鎌倉に結集していた。このことは、たしかに畿内周辺に軍事的空白をもたらしたが、反面、鎌倉に結集させることで、裏切りや動揺を抑圧したことになる。そして、一気に義経討伐の武力に転化させることができた。頼朝が自ら率いる大軍が上洛するという噂は、京周辺の武士たちに大きな脅威を与えたに相違ない。源平争乱《げんぺいそうらん》で多くの仲間たちの没落を目の当たりにした彼らは、保身のために義経を見限ることになる。

さらに、兼実は「事、叡慮より起こらざるのよし、あまねくもって風聞《ふうぶん》」していた上に、「法皇以下しかるべき臣下らを引率し、鎮西に向かうべし」という噂が流れて人望に背いたために、近国の武士が義経・行家に従わなかったとする（『玉葉』十一月三日条）。

すなわち、かつて平氏、義仲の圧力によって、二度にわたり後白河には不本意な頼朝追討が命じられており、宣旨の正当性が動揺していた。一方、後白河自身も、行家・義経を唆《そそのか》す一方、彼らの挙兵の不調を察知するや、二十一日の段階で義経らの鎮西下向に同行を拒絶している。宣旨は下したものの、義経や行家を全面的に支援しようとはしなかった。こうした後白河の曖昧な姿勢が、京武者たちをますます遠ざけていったのである。

『玉葉』の十一月二日条によると、翌三日の義経・行家の都落ちが決定し、義経らは院の同行を求めるつもりがないことを奏上している。これに対し、院は山陽・西海《さいかい》道の荘園・公領の年貢《ねんぐ》・官物を義経が徴収し京上すること、そして豊後の武士たちに義経を支援させることなどを申し渡した。院は東国における頼朝と同様の権限と、かつて平氏を九州から追い出した豊後武士の武力を義経に与えたことになる。

しかし、院が与えた権限が名目に過ぎないことは、武士たちの冷淡な態度を通して、義経も知悉《ちしつ》していたことであろう。また、当時の院が動員できた武力は、わずかに豊後の武士のみだったことを意味する。そして、義経が京を去る日が訪れた。

# 流浪の旅路

## 一行の離散

文治元年十一月三日。前夜から京中の貴族も庶民も、都落ちする義経《よしつね》らの狼藉《ろうぜき》を恐れて姿を晦《くら》ましていた。辰刻《たつのこく》（午前八時前後）、義経・行家《ゆきいえ》は院御所に赴き、西海《さいかい》に下るための身暇《しんか》を賜った。洛中《らくちゅう》において一切の狼藉はなく、兼実《かねざね》は本書の冒頭に記したように「義経らの所行、誠にもって義士《ぎし》と言うべきか。洛中の尊卑、随喜せざるなし」と記した。京を守り、京の救済に心血《しんけつ》を注いだ義経が、京で狼藉などするはずもなかったのである。

この時同行したのは、平時忠《ときただ》の息子時実《ときざね》、義経の異父弟侍従藤原能成《よしなり》（『吾妻鏡《あずまかがみ》』では良成）、源有綱《みなもとのありつな》、堀景光《ほりかげみつ》、佐藤忠信、伊勢義盛《いせよしもり》、片岡弘経《ひろつね》、そして弁慶法師《べんけいほうし》ら、二〇〇騎であったという（『吾妻鏡』十一月三日条）。これを事実とすれば、時忠一族とは挙兵においても密接な関係を有しており、西国《さいごく》において平氏残党の糾合《きゆうごう》も想定していたのではないだろうか。また、平泉《ひらいずみ》藤原氏とも関係する藤原長成《ながなり》一門の支援も注目される。西国で大規模な蜂起を行うと同時に、平泉藤原氏の挙兵も期待した可能性も高い。

もちろん、行家・光家父子やその郎等《ろうとう》も同行したが、戦力としては期待されてはいなかったかもしれない。そして、都落ちの平氏が多くの女房を伴ったのと同様に、静《しずか》を始めとする女性たちも同行していたという。

義経らは、多田行綱や太田頼基ら摂津《せっつ》の源氏たちの軍勢《ぐんぜい》を蹴散らして大物《だいもつ》浦から出航するが、暴風雨によってあえなく遭難する運命にあった。前記のごとく、兼実は「仁義の感報すでに空《むな》し」としながらも、義経が西国で大乱を惹起《じゃっき》すれば、兵粮問題など再び京に災難がもたらされたであろうから、彼の没落を「国家の至要《しよう》」と喜んだ。

しかし、それに続いて「義経、大功をなし、その詮なしといえども、武勇と仁義においては後代の佳名《かめい》をのこすものか。歎美すべし、歎美すべし」と記している。人々を苦しめた戦乱を鎮め、武士の不法を取り締まった義経は、まさに朝廷や貴族のみならず、京のすべての住民にとって、さらには国家全体にとっての救世主であった。

図23　現在の大物浦付近

挙兵に失敗した義経と行家はここから出航した．今では工場と住宅が密集しており，港湾だったかつての姿を偲ぶことは難しい．2004年10月撮影．

その英雄義経をなぜ頼朝は追い詰めたのか。東国武士の義経に対する不満、平氏を復活させるがごとき後白河の軍事体制に対する不安もあった。そして、後白河と提携し、政治的地位を高めた義経は、幕府を分裂させ、さらに奪取する可能性をも有した。幕府という組織、そして自身と嫡男頼家の安泰。ここに頼朝が義経の討伐を決意した原因があった。

義経が全力を尽くした平氏討伐、戦争の早期終結が、結果として幕府に危機と頼朝の憤りをもたらした。歴史の歯車の思いも掛けない齟齬《そご》によって、義経は没落を余儀なくされたのである。京を救い、仁義を重んじた英雄の理不尽な没落に、京のすべての人々は涙した。ここに義経の伝説化の一歩があったことはいうまでもない。

暴風雨で遭難して、一行はまさに四散した。『吾妻鏡』によると、このの ち義経と行動を共にしたのは、源有綱《ありつな》、堀景光《かげみつ》、弁慶《べんけい》、そして静の四人であったという。例によってこの人名の是非には疑問も残るが、他の随行者の多くが遭難直後に拘束されたのは事実である。『玉葉』十一月八日条によると、豊後《ぶんご》の武士たちは追撃した範資《のりすけ》に降伏したり生け捕られたりしている。時実もやはりこの時に生け捕られている。記録はないものの、公家である良成も同時に降伏したのであろう。

このうち時実は、すでに五月段階で周防《すおう》への配流が決定していながら配流先に赴《おもむ》かず、ついに義経の挙兵に協力したのである。義経と時忠一族との政治的連携の深さを物語る。義経はかつて平氏一門を仇敵とみなしただけに、逆にその政治的地位や軍事的基盤の奪取を思い立ったのではないか。義経挙兵の背景に、時忠一族の存在は少なからぬ影響を与えたと考えられる。こうした動きが頼朝の疑惑を生じたことも当然といえよう。

捕虜となった時実は、いったん鎌倉に連行された。しかし、清盛の室時子の甥にして、「心猛《こころたけ》キ人」ではあったが、平氏の中でも貴族の系統高棟《たかむね》王流であり武士ではない。したがって、刑罰はかつての宗盛父子の場合とは大きく異なっていた。時実は極刑を免れ、幕府の膝元《ひざもと》である上総《かずさ》に配流されることになった。

それぱかりではない。やがて、文治《ぶんじ》五年五月、平泉攻撃に対する後白河の公認を求めていた頼朝は、後白河の申し入れに応じて時実の帰京を許すことになる。政界復帰後の時実は、建暦元年（一二一一）に従三位《じゅさんみ》に叙され、ついには公卿昇進を果たしている。室が、頼朝・北条時政の信任厚い藤原経房《つねふさ》の娘であったことも影響したとされる。

同様に、義経の異父弟の能成《よしなり》も、公家であったために刑罰は比較的軽いものであった。侍従《じじゅう》を解官《げかん》されるものの政界復帰を果たし、後鳥羽院政期の建保《けんぽう》六年（一二一八）年には従三位に叙され、父長成が果たせなかった公卿昇進を実現している。

これに対し、武士には厳しい運命が待っていた。十一月七日、義経・行家らは解官《げかん》され、十二日には身柄の追捕《ついぶ》が院より諸国司に命ぜられるに至った。英雄義経は一転して事実上の謀叛人《むほんにん》に転落した。まさに後白河のご都合主義の犠牲である。もちろん、この場合の謀叛の相手は朝廷ではなく、頼朝であった。

義経とはぐれた行家・光家父子は、根拠地和泉《いずみ》国に逃れ潜伏《せんぷく》するが、翌文治二年五月に北条時政《ときまさ》の一族である時定に殺害されている。そして、ほぼ同じ頃源有綱・伊勢義盛・佐藤忠信以下の有力な郎等たちも、相次いで殺害されていった。時政と、その配下による義経関係者に対する追及は峻烈であった。

それでも、義経は僅かな供人とともに、興福寺《こうふく》・延暦《えんりやく》寺など寺院勢力の支援を受けながら苦難の逃避行を続けていた。支援者は武士ではなく、寺社勢力や後白河の院近臣たちであった。頼朝の圧力の強さ、西国武士たちといえどもあくまで自身の存立を重視する自力救済的性格、荘園領主を救済した反面、武士の反感を受けた義経の立場が反映されている。行き着く先は、かつて平氏の手を逃れて辿り着いた、あの平泉だったのである。

時間を遡らせて、義経没落後の頼朝や、その配下の動きを見ることにしよう。

## 時政の入京

頼朝は、治承四年（一一八〇）の富士川合戦《ふじがわのかっせん》以来、久しぶりに自身で上洛《じょうらく》する動きを示し、かつての義経との対面の場所黄瀬川《きせがわ》まで進出したが、義経らの没落を耳にして鎌倉に帰った。後白河に対する示威《じい》とする見解も蓋然《がいぜん》性を有するものがある。

一時、範頼が大将軍として入京するとの噂もあったが、「奥の疑」、平泉藤原氏の攻撃の懸念により坂東に留まったという。かわって頼朝の岳父《がくふ》北条時政が、一〇〇〇騎を率いて上洛し、朝廷に対して強硬な介入《かいにゅう》を行った。その眼目が、いわゆる「守護地頭《しゅごじとう》」の設置と、廟堂《びょうどう》改革問題の二点であったことはよく知られている。

守護地頭とは、鎌倉時代を通して存続する、大犯《たいぼん》三ヵ条を権限とした守護、荘園・公領に一人ずつの地頭ではなく、段別五升の兵粮米の徴収権や国内の田地知行《ちぎょう》権、武士の統率権など、強大な権限を有し、一国に一人設置された国地頭のことと考えられている。設置目的には、有力な東国武士に対する恩賞という側面もあるが、義経・行家の挙兵に備えた面が大きかったのではないか。国地頭は、行家父子や義経の有力な郎等たちが相次いで殺害された翌文治二年六月に廃止されている。

一方、廟堂改革では、頼朝は盟友九条兼実《かねざね》を内覧《ないらん》に任じるとともに、兼実・経房以下の親幕府派も含む政務に堪能な一〇名を議奏《ぎそう》公卿に選び、後白河院に代わって政務を遂行することを命じた。治承三年政変の時と同様、またまた後白河は今後の政務に関与しない旨を申し出ている。ちっとも反省の気配など見られない。そして、挙兵に味方した藤原頼《より》経《つね》・宗長父子、一条能成、院近臣の中心高階泰経・経仲父子、平親宗、そして下北面《げほくめん》で義経と密接な関係を有していた平知康など十数名が解官・配流されている。

しかし、治承三年政変後における平清盛や、法住寺合戦後の木曽義仲が、院を幽閉し、摂関を交替させ、三〇～四〇名の院近臣を解官し、後白河院政を否定したり、強引に屈伏させたりしたのに対し、頼朝の措置はきわめて微温的であった。慎重な姿勢と言えば言える。しかし、元来後白河の王権に依存し、朝廷に橋頭堡《きょうとうほ》をもたない頼朝には、後白河にかわる王権を構築する力もなかったのである。もちろん、義経や頼輔一族の武力を失った後白河も、王権の擁護者たる頼朝の武力に依存せざるを得ない面もあった。したがって、頼朝も荒療治をする必要がなかったことにもなる。

さて、頼朝の代官として上洛したのが、頼朝の岳父時政であった。代官は、かつての弟から時政に変化していたのである。時政は伊豆国の在庁官人時代、同国の知行国主藤原経房の知遇を得ており、京とも関係が深かったとされる。上洛した原因は、頼朝の岳父という点よりも、むしろ経房などとの政治的関係が重視されたと見るべきかもしれない。

彼は朝廷との交渉後も京に留まり、京都・畿内守護の役割を果たした。すなわち、義経の職務を継承したのである。義経の没落によって、それまであまり重要な役割を果たしてこなかった時政が地位を急上昇させて、本来源氏一門が担当した地位についたことになる。義経の立場を継承する人事において、京とも人脈がある範頼ではなく、時政が起用された原因は奈辺に存したのであろうか。

範頼は鎌倉帰参後、京の情勢について口を濁らせる（『玉葉』十一月十四日条）など、義経追及について十分な判断ができないか、あるいは消極的な姿勢を見せていた。逆に言えば、頼朝の側近にあって義経問題について知悉《ちしつ》し、積極的に関与していたことが時政を起用した一因だったのではないか。

考えてみれば、義経と時政は鋭く対立する関係にあった。それは頼朝の後継者問題である。頼朝の嫡男にして時政の外孫頼家はまだ四歳、立場はきわめて不安定なものに過ぎない。これに対し、平氏追討の戦功によって、頼朝と「父子関係」にあった義経の名声と政治的地位は著しく高まろうとしていた。義経の鮮やかな勝利は、後継者問題を大きく揺るがせる問題だったのである。時政にとって、頼家と自身の政治的地位を安定させるためには、義経は排除せざるを得ない存在だった。

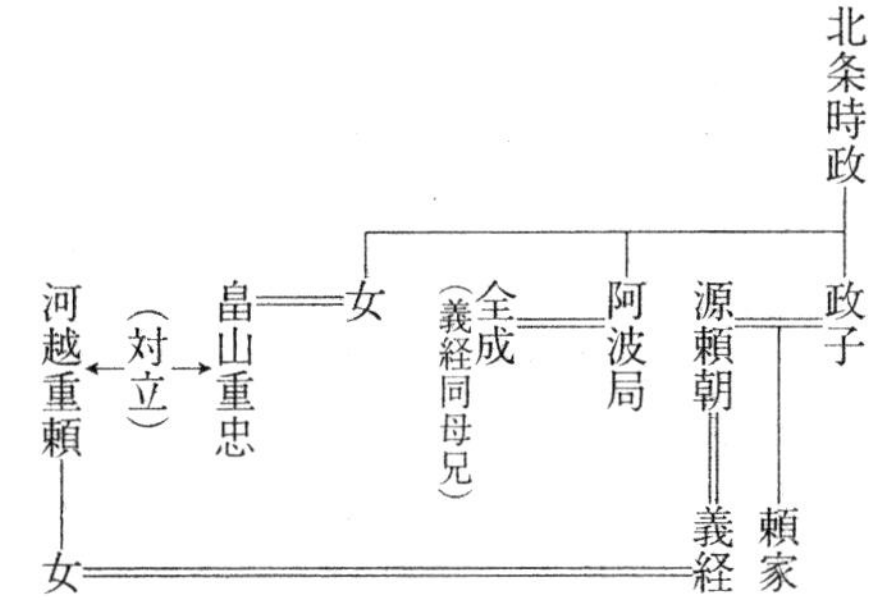

図24　北条時政関係系図

また、時政の嫡男義時《よしとき》は範頼の下で平氏追討に従事し、眼前で平氏討滅の戦功を義経に奪われた屈辱も味わっている。こうしたことから考えて、時政や北条一族に義経に対する強い敵意が存した可能性が高い。頼朝や東国武士たちに、義経に対する反感を煽《あお》る行動に出たのではないだろうか。漠然とした義経批判ではなく、岳父にして側近の時政からの強い主張があれば、頼朝も動かざるを得なかったはずである。

さらに、義経没落とともに、彼の正室の実家であった武蔵国最大の豪族河越重頼《かわごえしげより》父子は処刑されるに至った。政略結婚ということを考えれば、あまりに酷《ひど》い措置ではある。しかし、武蔵国において河越一族が同じ秩父《ちちぶ》一族の畠山重能《はたけやましげよし》・重忠《しげただ》父子と鋭く対立していたことを考えれば、わずかな問題が失脚を招くのも当然だったといえる。その畠山重忠こそ、時政の女婿《じょせい》であった。

頼家・重忠ともに、頼朝の没後に時政によって滅亡に追い込まれるが、当時の時政にとっては、彼の政治的立場を支える重要な存在であった。こうしてみると、義経の没落で最も利益を得たのが時政であったことは疑いないのである。

北条氏によって編纂《へんさん》された『吾妻鏡』は、これまで縷々《るる》述べてきたように、義経の没落過程について不自然な曲筆《きょくひつ》をしてきた。無断任官以来の頼朝との厳しい対立、冷酷とも言える頼朝の措置の強調、そして梶原景時《かじわらかげとき》・景季《かげすえ》父子による糾弾。これらをそのままに受け取ることはとうてい困難である。同書があえて曲筆した背景には、英雄にして義士と讃えられた義経没落の真相の隠蔽《いんぺい》する目的が存したと見るべきである。その真相とは何か。

それは、義経没落で最大の利益を得た当人こそが、頼朝の側にあって義経に対する不信・憤慨を増幅させ、ついに彼を没落させた張本人だったことではないだろうか。頼朝の肉親に対する冷酷さを強調し、讒言を信ずることで子孫繁栄を得られなかったとする腰越状を特筆した目的も、そこにあったように思われる。むろん、これは仮説の域を出るものではない。ただ、時政が義経没落によって次代の将軍外戚《がいせき》を決定付け、義経の地位を奪い、武蔵に勢力拡大の機会を得たことだけは、紛《まご》うことなき事実である。

## 平泉の落日

逃亡後の義経は、かつての支援者藤原頼経《よりつね》、かつての陸奥守・鎮守府将軍であった藤原範季《のりすえ》、院の御厩別当《みまやべっとう》であった藤原朝方の支援を受けたという。頼経はともかく、他の面々は平泉藤原氏と関係を有した存在であった。平泉人脈が最終的に義経を平泉に導いたのであろう。幼い日に続く、二度目の平泉亡命であった。

しかし、前回と今回の政治情勢は大きく異なっている。前回は義経自身も追捕《ついぶ》の対象ではなかったし、平氏も平泉藤原氏を攻撃する意志がなかった。今回は、義経は謀叛人であり、頼朝は平泉藤原氏をつねに敵視し、攻撃の糸口を探していたのである。

『吾妻鏡』文治《ぶんじ》二年（一一八六）四月二十四日条は、頼朝が秀衡《ひでひら》に圧力を加え、京に貢納

図25　平泉中尊寺金色堂の外観

する砂金《さきん》・駿馬《しゅんめ》を鎌倉経由とすることに改めさせたとする。いうまでもなく、平泉の秀衡と後白河院との直接的な結合を断絶し、平泉を鎌倉に従属させる目的であった。

『玉葉』文治元年十二月十四日条によると、義経挙兵問題の後始末で混乱する朝廷に対し、頼朝は貢納品を送りつけた。甚《はなは》だ「軽微」な代物で、後白河を「軽慢」するかのごとき内容であったという。しかし、それは秀衡からの貢納物だったのである。頼朝の眼目はそこにあった。頼朝はすでに平泉も自身に従属していることを後白河に通告したといえる。すでに、この段階で頼朝は平泉の従属化を図っていたのである。

義経が平泉に潜入したのは、文治三年の後半であった。しかし、彼を迎え入れた秀衡は十月二十九日に死去してしまう。この時、秀衡は義経を大将軍として国務を委ねるべきことを、長男国衡《くにひら》、嫡男泰衡《やすひら》の両名に言い残したという（『吾妻鏡』）。しかし、翌年の正月九日に兼実が書き残した『玉葉』の記事は異様であった。

死に臨んだ秀衡は、何と長男国衡と、嫡男泰衡の母で現在の秀衡室とを結婚させて兄弟の「和融」を図り、国衡・泰衡に義経を大将軍と仰ぐように命じたというのである。すなわち、国衡と泰衡は義理の親子関係を結び、大将軍義経がいわば両者を調停する立場となったのである。なぜ、そのようなことが行われたのか。

やはり兄弟なら対立・抗争はありうるが、親子は原則としてそれはあり得ない。父に子は服従するからである。秀衡は、対立する国衡・泰衡兄弟を義理の父子とすることで、衝突を回避したものと考えられる。それほどまでに、兄弟の関係は深刻であった。

図26　平泉藤原氏系図

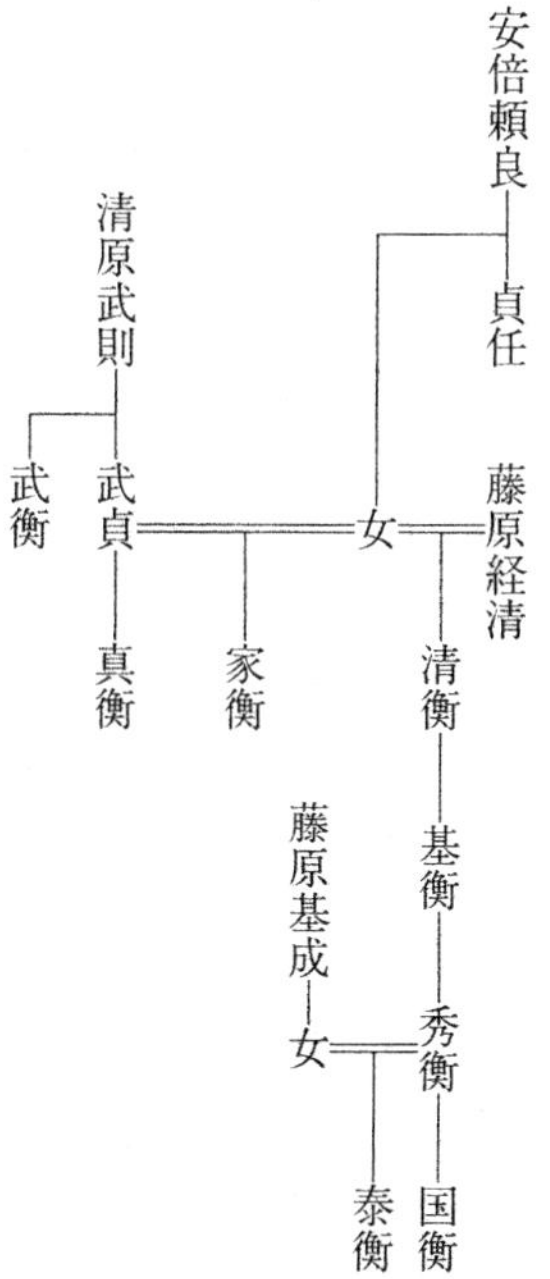


一時、義経は戦闘の前面に登場した。『玉葉』の文治四年二月八日条によると、出羽《でわ》から陸奥に入った僧昌尊なる者が義経と戦い、辛うじて鎌

倉に逃れたという報が伝わっている。義経が攻撃の表に立つということは、秀衡の方針通り、彼を大将軍として鎌倉と対峙《たいじ》する方策がとられたものと考えられる。

これを受けて、朝廷では義経追討が議された。当然、頼朝が追討を担当するものと思われた。ところが、同書の十三日条によると、頼朝は朝廷に先手を打つかのように書状を送り、亡母の追善《ついぜん》のために五重の塔を建立したこと、また重厄で殺生《せっしょう》禁断であることを理由に追討使を辞退し、藤原泰衡に追討を命ずるように言上してきたのである。

頼朝の狙いは明白であった。泰衡に追討を命ずることで、義経と泰衡との間に楔《くさび》を打ち込んだのである。もし、頼朝がいきなり義経追討を名目に平泉攻撃に踏み切れば、秀衡の遺言通り義経と泰衡は結束して頼朝を迎撃した可能性が高い。頼朝は巧みにこれを回避し、両者の対立を煽《あお》ったのである。朝廷は二月、ついで十一月の二度にわたって、泰衡とその岳父基成に義経追討を命ずるに至った。

義経と泰衡との間に、どのような葛藤や、やりとりがあったのか。今日となっては知る由もない。ただ、『玉葉』文治五年（一一八九）正月十三日条によると、義経が帰京を望んでいるという内容の書状を持った手光七郎なる者が捕らえられている。詳しい事情は分からないが、泰衡との齟齬《そご》を感じた義経が、密かに帰京を企てていたのではないだろうか。

そして、周知の通り泰衡は義経を殺害して頼朝の矛先《ほこさき》をかわそうとするが、それも空しく平泉は鎌倉軍の軍馬に蹂躙《じゅうりん》され、平泉藤原氏は滅亡するのである。頼朝の狙いが平泉攻撃にあったことはいうまでもない。結果的に平泉を滅ぼされた泰衡が厳しい非難に晒《さら》されるのは当然である。しかし、単純に彼を責めることもできない。

平泉藤原氏の成立に際し、清衡《きよひら》は前九年合戦・後三年合戦において父藤原経清《つねきよ》や自身の妻子を惨殺され、敵対したとは言え、異父弟家衡《いえひら》や多くの一族たちを自身の手に掛けざるを得なかった。こうした犠牲の上に平泉の繁栄は成立したのである。左京内部に大規模寺院が建立《こんりゅう》されなかった京と異なり、平泉の中心には中尊寺《ちゅうそんじ》をはじめとして先祖を祭る寺院が設置され、仏教を通した現世浄土《げんせじょうど》が目指されていたのである。平泉藤原氏は、戦争の悲惨さに対する厳しい反省の上に築かれた権力であった。

したがって、清衡以降、平泉藤原氏の基本方針は平和主義であった。最大限、戦争を回避する。それが平泉の伝統であった。秀衡は平氏政権にも義仲にも、そして頼朝にも与することもなく、源平争乱の最中も中立を貫き通した。

その秀衡も、最晩年には鎌倉の圧力を受けて情勢の一変を知り、義経を擁して頼朝との戦争を覚悟した。平泉藤原氏にとって、乾坤一擲《けんこんいってき》の賭《かけ》に出た。しかし、この大胆な方針変更は偉大な指導者秀衡であったがゆえに、可能なことであった。その秀衡を失い、兄弟の対立も深刻な中で、泰衡に頼朝に対する勝算があっただろうか。あえて、平泉藤原氏の伝統に従い、平泉を守ろうとする最後の決断を下したのではなかったか。

文治五年閏四月三十日、泰衡は数百騎を率いて義経を高館の居館に襲った。高館は藤原基成の邸宅で、義経はそこに居住していた。『尊卑分脈《そんぴぶんみゃく》』によると義経の郎等《ろうとう》二〇余人が最後の防戦に向かい、討ち死にしていったという。

義経は、二二歳の室と、四歳の娘とともに自害して果てた。享年三一歳。壇ノ浦合戦で平氏を葬り去って栄光の頂点を極めてから、わずかに四年であった。頼朝からの自立を願いながら、ついに頼朝の圧力を逃れることができなかったことになる。

運命を共にした室は河越重頼の娘とされる。政略結婚とは言え、父重頼を始めとする一族を頼朝や時政に滅ぼされた彼女も、鎌倉に対する怨念を滾《たぎ》らせていたことであろう。当時四歳の娘は文治二年の生誕、すなわち逃避行の最中である。乳飲み子を連れた逃亡の辛《しん》苦《く》は如《い》何《か》ばかりであったか。母子は女性であるから、降伏すれば生命の保障は与えられたであろう。しかし、彼女は仇敵《きゆうてき》による保護を拒み、夫に殉じた。壇ノ浦合戦における時子の最後を彷彿《ほうふつ》とさせる。

妻子の存在は義経に生への執念を与え、苦悩のなかにも安らぎを与えたことであろう。幼くして父を失い、母と生き別れ、兄には責められるという、家族関係で辛酸《しんさん》を嘗めた義経にとって、短かったとは言え、最後に妻子とのささやかな幸せを得られたことは、せめてもの慰めだったといえよう。

# 義経の位置――エピローグ

義経は、京で狼藉《ろうぜき》の限りを尽くした義仲《よしなか》を、さらに西国《さいごく》を支配して京の飢餓の要因をなした平氏《へいし》を滅ぼし、迅速に戦乱を鎮圧して京を救い、全国に平和をもたらした。それゆえに「義士《ぎし》」とまで称賛されたのである。そして、彼の鮮やかな軍事的勝利が、鎌倉幕府成立に大きく貢献したことも疑いない。

それにもかかわらず、兄にして義父でもある頼朝《よりとも》に圧力を受け、結局は死に追いやられた。その背景に伏在したのは、平氏追討に際して、頼朝の構想や東国《とうごく》武士の利益を無視し、西国武士を率いて勝利を収めたという問題であり、頼朝を怒らせた直接的な原因は後白河《ごしらかわ》と提携し、平氏の立場を継承しようとしたことに求められる。最後に、このような義経の立場、役割の歴史的意味について、簡単に考えておきたい。

まず、義経の迅速な勝利と東国武士との軋轢《あつれき》について。ここには、鎌倉幕府の基本的な性格に関係する大きな問題が隠されていた。

流人であった頼朝は、伊勢《いせ》・伊賀《いが》に古くからの拠点と家人《けにん》を有した平氏などと異なり、先祖から受け継いだ所領や、そこに居住する重代相伝《じゆうだいそうでん》の武士団を有していなかった。たしかに三浦《みうら》一族など、河内《かわち》源氏と古くからの主従関係を結んだ豪族はあるが、所領を通した関係ではなく、その向背《こうはい》は打算的なものであった。現に、代々乳母《うば》を出し、義朝の斡旋《あっせん》で山内《やまのうち》荘の荘官となった山内首藤氏の経俊《つねとし》さえも平氏方となったのである。

平氏のように、側近の家人と他の武士団とのような、極端な立場の相違がなかったことが、頼朝の御家人組織を拡大できた原因ではあった。しかし、東国武士との主従関係はきわめて打算的・双務《そうむ》契約《けいやく》的であり、それゆえに軍事行動にはつねに恩賞を用意せねばならなかったのである。恩賞とは敵から奪った所領に他ならない。

本来、東国の自身の所領の保全・拡大にのみ目を奪われていた東国武士たちを、西国に派遣することは大きな困難を伴っていた。それを実現するためには、戦功による多大な恩賞を保証する必要があった。したがって、戦功の機会を奪ってしまった義経の行動が、東国武士に不満をもたらし、幕府組織を動揺させ頼朝を困惑させたのは疑いない。

自身の利害に従って行動する東国武士に対し、むろん功名心があったにせよ、国家の安定のために戦乱の終結を第一にした義経。こうした「正義」の行動が幕府成立という時代の趨勢《すうせい》と矛盾したところに、義経の悲劇の一因があった。東国武士の利害と、全国の治安の維持という問題は、鎌倉幕府が内包する根本的な矛盾として継続することになる。

しかし、東国武士は平氏追討に失敗していた。戦功を何より重んじる頼朝が、彼らの不満だけで平氏追討の最大の功労者義経の殺害を企図したとは考えられない。ここで大きな意味をもつのは、義経が後白河院の親衛隊長である院の御厩司に就任した上に、平時忠の娘と結婚し、かつての平氏の立場を継承するとともに、頼朝が恐れていた平泉藤原氏とも提携する動きをみせたことに他ならない。

これによって義経の政治的地位の上昇や自立の動きは顕著となった。また幕府内部に不満分子が存在し、とくに彼らが旧平氏家人であったことは、幕府の奪取・分裂といった直接的な脅威を頼朝に与えたのである。ここに頼朝の不信と憤怒は増大した。そして、伊予《いよの》守補任《かみぶにん》後の検非違使留任、勝長寿院供養への不参《ふさん》と、頼朝による再三の鎌倉召喚を拒否したことから、頼朝はついに義経殺害を決意するに至ったのである。

義経が後白河の側近となり、平氏を模倣したことを「古代的勢力」への接近とし、武士政権成立を妨げた重大な失策とする見方もある。しかし、鎌倉幕府が唯一の中世的な、そしてすべての武士のための武士政権だったのであろうか。鎌倉幕府は武士が築いた政権ではあるが、義仲配下や平氏以下の西国武士、そして平泉藤原氏という諸国の武士の犠牲の上に築かれた、東国武士のための政権に過ぎない。

そもそも、平安後期の武士には、地方にあって自力救済の中で敵と戦う存在と、王権と結合してその擁護者となる存在とがあった。前者は地域的軍事権力を生み、幕府につながってゆく。後者は、京武者を生み、王権を従属させた平氏政権に結実する。そして平氏政権の目指した方向はまさに室町幕府に継承される。

義経は後者の道を歩もうとして、頼朝に滅ぼされた。彼が政権を築いたかどうかはともかく、両者の対立は、幕府の内紛といった次元を超えた異なる二つの武士のあり方の衝突であった。そして、義経の選択はけっして古代的などというものではなかったのである。

一方、頼朝が独立性の強い武士団を統率していただけに、彼を支える側近たちは重要な政治的役割をもっていた。頼朝の側近は、外戚《がいせき》北条時政や、比企《ひき》一族などの乳母関係者、伊豆の挙兵以来の武士など、ごく限られた存在である。こうした側近は、平氏のように所領とともに相伝されることはなく、代替わりとともに顔ぶれや勢力関係が変わることになる。そのことが、頼家《よりいえ》の滅亡をもたらしたのである。

側近が限られた存在だけに、彼らの発言は大きな意味を有したと見られる。頼朝とともに擁立しようとする頼家の立場を義経が脅かしたことが、時政の義経に対する敵意を増大させ、頼朝に対して何らかの働きかけを生み、頼朝を動かした可能性は高い。

頼朝は最後の妥協策として、義経の鎌倉召還《しょうかん》を考えた。しかし、義経はそれを拒否した。義経が京で強大化することを恐れた頼朝と時政は、迅速に義経の討伐を実行するにいたった。この果断さと、後白河の帝王としての権威の弱さ、両者を調停できない政治的無能とが相まって、義経は敗北したのである。

文治《ぶんじ》五年（一一八九）、平泉藤原氏を滅ぼし、東国武士たちに所領をあてがった頼朝は、翌建久《けんきゅう》元年に意気揚々と上洛、後白河に謁見《えっけん》した。頼朝はまさに東国の地域権力の主であるとともに、王権の唯一の守護者となったのである。だが、頼朝と幕府の前には、大きな矛盾が待ち構えていた。つねに所領の拡大を求める東国武士たちは、内乱の終息により新たな所領獲得が困難となったのである。平穏と東国武士は相いれない関係にあった。

やがて、頼朝の死去とともに、幕府では激しい内紛が激発することになるのである。

# あとがき

源義経。おそらく、最も幼いころから耳にした歴史上の人物の一人であった。平氏追討の大功をたてながら、それを妬む兄によって死に追いやられた悲劇の武将。私が小学六年生となり、少しだけ歴史に興味を持ちはじめていた一九六六年、その義経を描いたNHKの大河ドラマ『源義経』が放送されたことが、日本史に対する興味を燃え上がらせた。もっとも、このドラマに対する興味の大きな部分は、藤純子演ずる静御前の美しさにあったのだが。

以来、紆余曲折を経て、日本史を志し、その研究を職業にした。そして、ドラマから四〇年を経て自らその義経の生涯を研究の素材とすることになった。ようやく、宿題を果たしたような気分である。

冒頭にも記したが、二〇〇五年に再度義経を主人公とする大河ドラマが放送されたお陰で、義経や源平争乱に関する多数の研究が公にされた。たまたまその前年に刊行した拙著『保元・平治の乱を読みなおす』までも、関連本扱いされてしまったのには閉口させられた。もっとも日本放送出版協会から刊行したのだから、そのように勘繰られても仕方ないのだが。

義経関連本の中には首を傾げたくなるような書物もあったが、多くの書物は新たな義経像を競って提示し、大きな成果をあげていった。その前提として注目させられるのは、何よりも基本史料である『吾妻鏡』の史料批判の前進である。

『吾妻鏡』については、すでに守護・地頭問題を通して「地の文」に関する疑問が提示されていたが、基本的には極めて信憑性の高い史料とされ、挿話などはほぼ無批判に受容されてきたといってよい。しかし、本文でも触れたように、頼朝との対立の契機とされる義経の無断任官問題をはじめ、『吾妻鏡』の叙述が徹底的に再検討されるようになったのである。本書ではそうした姿勢を追求し、とくに頼朝と義経との軋轢《あつれき》に関しては、『吾妻鏡』の叙述にあえて背を向けた解釈を試みた。

『吾妻鏡』を疑問視すると、今度は何によって基本的枠組みを構築するのかという大きな問題が生ずることになる。『玉葉』などの貴族の日記、そして院の御厩司《みまやのつかさ》就任など、貴族社会の制度史等を通して政治史の再検討を試みた。年来の持論である貴族と武士の一体性、共通性を重視する立場をとった。

もう一つ、当時の鎌倉幕府の実態についても留意した。挙兵からわずかな年数しか経過していない段階だけに、組織は幼弱であり、御家人は十分頼朝の統制に服していないのではないか。忽《たちま》ちに数万の大軍を派遣できたかのごとき『吾妻鏡』の叙述に疑問を呈し、同時代の視点で幕府のあり方や、その影響を復元するように努めた。

以上のような視角が、果してどれだけ説得力があるだろうか。読者の厳しい判断を仰ぐばかりである。

歴史ばなれ等と言われて久しくなる。日本史上の英雄・偉人はしだいに日本人から遠のきつつある。国際化も結構だが、国際化する時代だからこそ、日本人が日本の歴史を通して共通認識をもち、一体性を保持する必要があるのではないだろうか。永らく歴史入門の役割を果たしてきた義経を通して、新たな歴史の見方や魅力を提示できることができれば幸いである。

本書をなすにあたり、執筆を御慫慂下さった永滝稔・橋本裕美子両氏に、厚く御礼を申し上げる。両氏は、『院政の展開と内乱』（日本の時代史7）の打ち上げの際に交わした軽い口約束を忘れられることなく、粘り強く督促を加えられた。そして橋本氏には編集に際して様々お世話になった。本書はその賜物である。

また、二〇〇四年三月には本書執筆に備えて、屋島・壇ノ浦といった古戦場の見学旅行を行なった。その際、同行された佐伯真一、美川圭、そして近藤好和氏らから有益な御助言を賜ったことも忘れられない。本文中の写真はその際のものである。

最後に、原稿段階で下読みをお願いした佐伯智広・長村祥知両氏に、そしていつも私をささえてくれる家族に心からの感謝を呈したい。

二〇〇六年十一月

元木泰雄

# 巻末系図

## 武門（清和）源氏系図

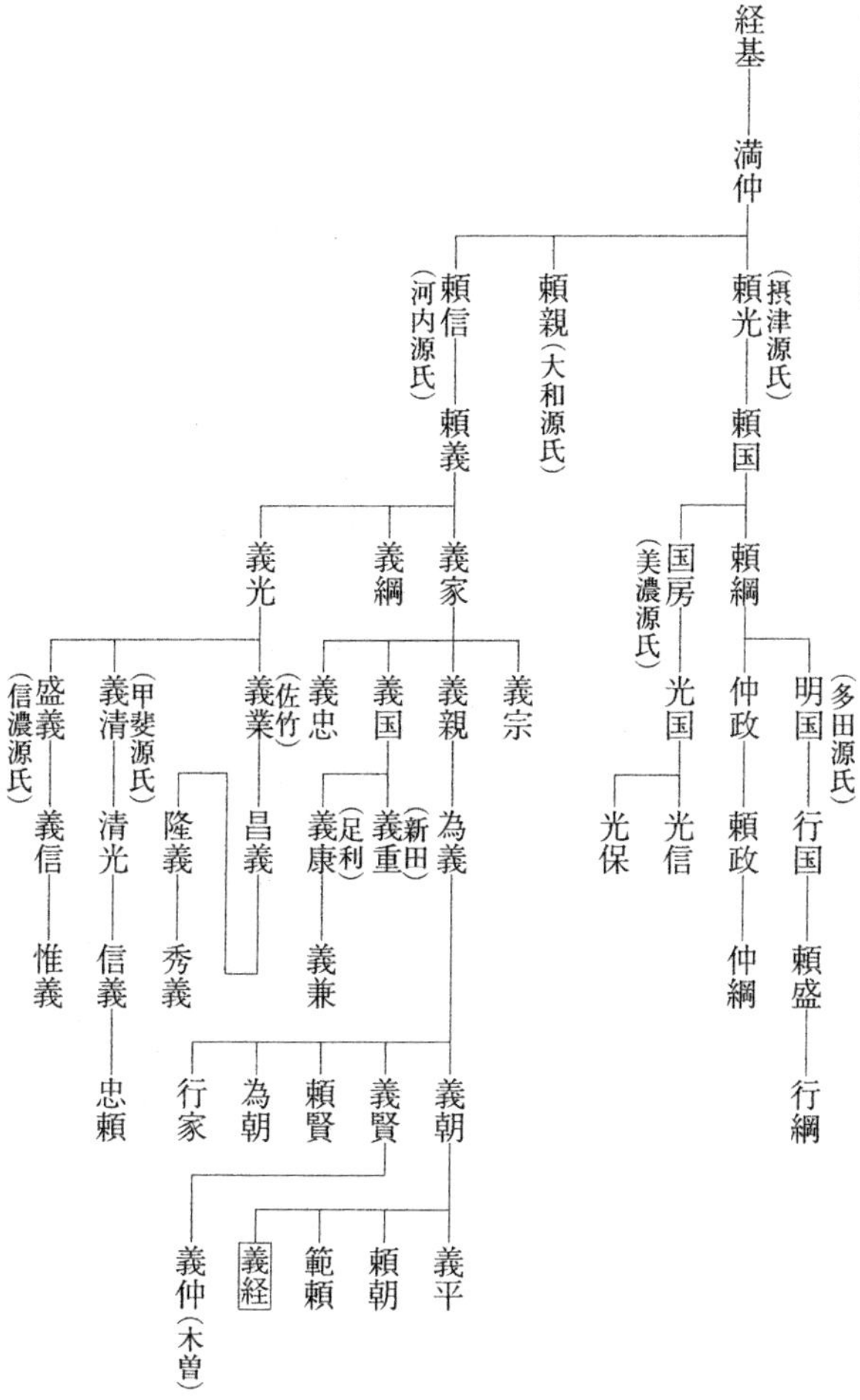

## 義経とその兄弟

- 源為義
  - 義朝
    - 義平（母三浦義明娘、一一四一生、五五年に義賢を殺害、六〇年処刑）
    - 朝長（母波多野遠義娘、一一四四生、五九年、平治の乱後に自害）
    - 頼朝（母熱田宮司藤原季範娘、一一四七年生、九九年没）
    - 範頼（母池田宿遊女、年齢不詳、九三年失脚、処刑か）
    - 全成（母九条院雑仕女常盤、一一五三年生、一二〇三年処刑）
    - 義円（母九条院雑仕女常盤、年齢不詳、一一八一年戦死）
    - 義経（母九条院雑仕女常盤、一一五九年生、八九年自害）
  - 義賢
    - 義仲
  - 為朝
  - 行家

# 平氏関係系図

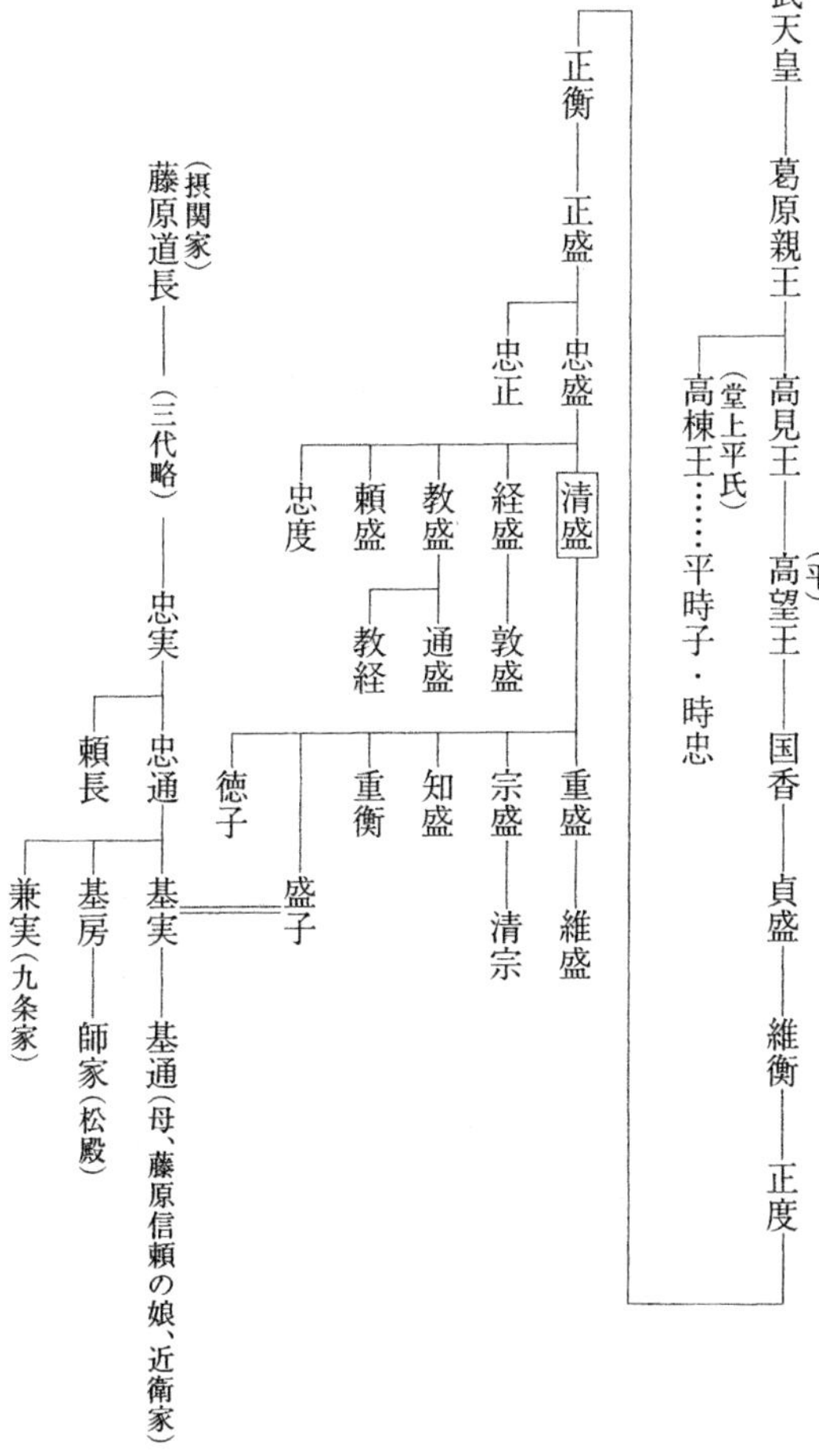
桓武天皇
葛原親王
高見王
(平)
高望王
国香
貞盛
維衡
正度
(堂上平氏)
高棟王……平時子・時忠
正衡
正盛
忠盛
忠正
清盛
経盛
教盛
頼盛
忠度
敦盛
通盛
教経
重盛
維盛
宗盛
清宗
知盛
重衡
盛子
徳子
(摂関家)
藤原道長
(三代略)
忠実
忠通
頼長
基実
基通(母、藤原信頼の娘、近衛家)
基房
師家(松殿)
兼実(九条家)

## 王家・平氏関係系図

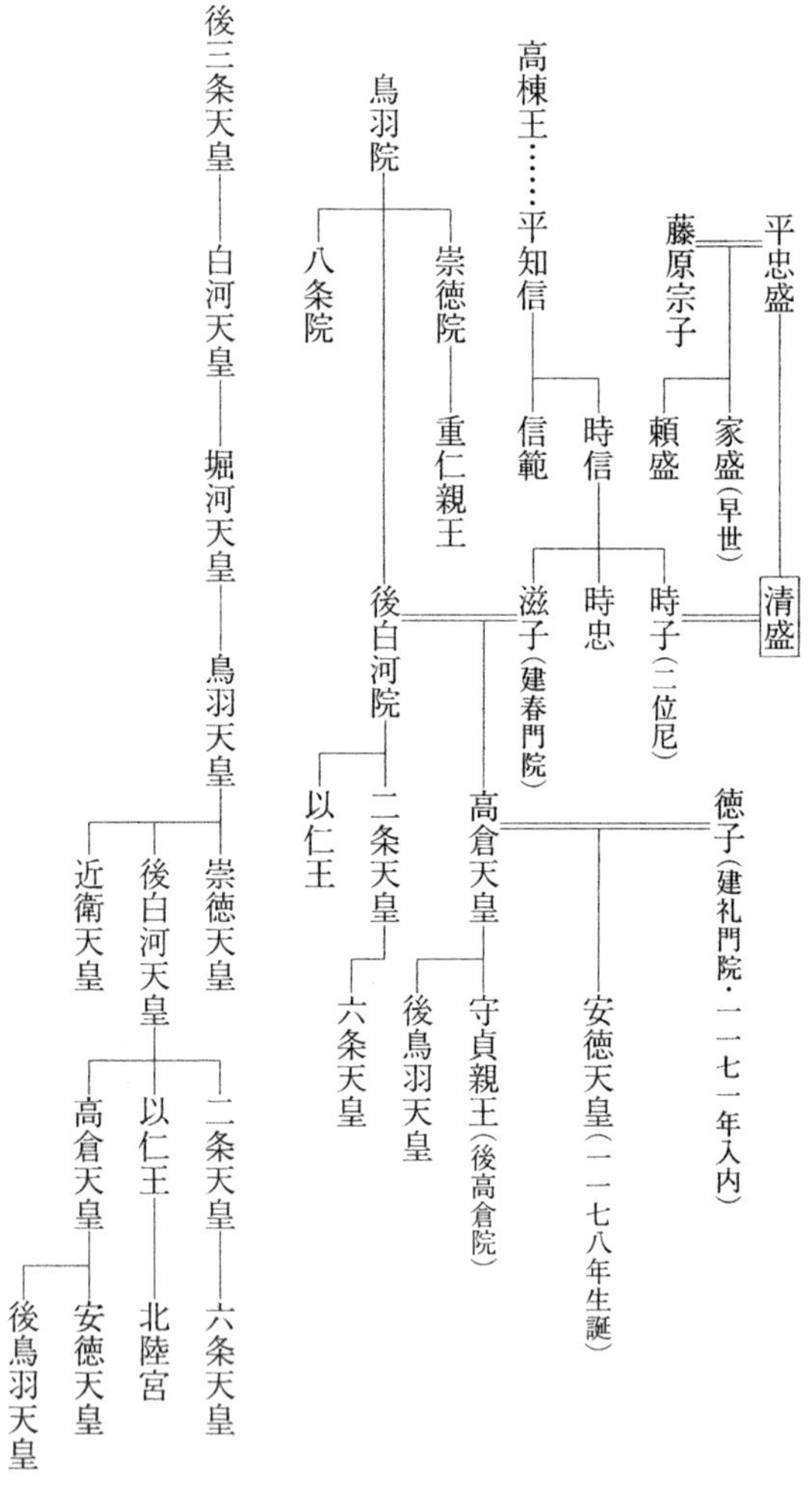

平忠盛
藤原宗子
家盛（早世）
頼盛
清盛
時子（二位尼）
徳子（建礼門院・一一七一年入内）
安徳天皇（一一七八年生誕）
高棟王……平知信
時信
信範
時忠
滋子（建春門院）
高倉天皇
守貞親王（後高倉院）
後鳥羽天皇
鳥羽院
崇徳院
重仁親王
八条院
後白河院
二条天皇
六条天皇
以仁王
後三条天皇
白河天皇
堀河天皇
鳥羽天皇
崇徳天皇
後白河天皇
近衛天皇
二条天皇
六条天皇
以仁王
北陸宮
高倉天皇
安徳天皇
後鳥羽天皇

# 参考文献

## ・史料

『吾妻鏡』（新訂増補国史大系、吉川弘文館）
『百練抄』（新訂増補国史大系、吉川弘文館）
『尊卑分脈』（新訂増補国史大系、吉川弘文館）
『公卿補任』（新訂増補国史大系、吉川弘文館）
『玉葉』（明治書院、国書刊行会）
『新訂吉記・本文編』（高橋秀樹編、和泉書院）
『山槐記』（増補史料大成、臨川書店）
『兵範記』（増補史料大成、臨川書店）
『愚管抄』（日本古典文学大系、岩波書店）
『平家物語』（新日本古典文学大系、岩波書店）
『延慶本平家物語』（小川栄一・北原保雄編、勉誠社）
『平家物語　全訳注』（杉本圭三郎編、講談社学術文庫）
『平安遺文』（竹内理三編、東京堂出版）
『群書類従』（続群書類従完成会）

『続群書類従』(続群書類従完成会)

・研究書・論文(筆者の五十音順・主要なもののみに止めた)

浅香年木『治承・寿永の内乱論序説』法政大学出版局、一九八一年
石井　進『日本の歴史7　鎌倉幕府』中央公論社、一九六六年
石母田正『石母田正著作集』第七巻、岩波書店、一九八九年
入間田宣夫・豊見山和行『日本の中世5　北の平泉・南の琉球』中央公論社、二〇〇二年
上横手雅敬『日本中世政治史研究』塙書房、一九七〇年
『平家物語の虚構と真実　上・下』塙書房、一九八六年、初出は一九七三年
『源平の盛衰』講談社学術文庫、一九九七年、初出は一九六九年
(同編)『源義経　流浪の勇者　京都・鎌倉・平泉』文英堂、二〇〇四年
上横手雅敬・元木泰雄・勝山清次『日本の中世8　院政と平氏、鎌倉政権』中央公論新社、二〇〇二年
大三輪龍彦・関幸彦・福田豊彦編『義経とその時代』山川出版社、二〇〇五年
大山喬平『日本の歴史8　鎌倉幕府』小学館、一九七五年
角川源義・高田実朝『源義経』講談社、二〇〇五年、初出は一九六六年
川合　康『源平合戦の虚像を剥ぐ』講談社、一九九六年
『鎌倉幕府成立史の研究』校倉書房、二〇〇三年
木村真美子「中世の院御厩司について—西園寺家旧蔵『御厩司次第』を手がかりに—」(『学習院大学

史料館紀要』一〇号)、一九九九年
日下　力『平治物語の成立と展開』汲古書院、一九九七年
『平家物語の成立』結部、岩波書店、二〇〇一年
『平家物語転読』笠間書院、二〇〇六年
古代学協会編『後白河院　動乱期の天皇』吉川弘文館、一九九三年
五味文彦『源義経』岩波書店、二〇〇四年
近藤好和『源義経』ミネルヴァ書房、二〇〇五年
佐伯真一『物語の舞台を歩く　平家物語』山川出版社、二〇〇五年
櫻井陽子「頼朝の征夷大将軍任官をめぐって―『三槐荒涼抜言要』の翻刻と紹介」(『明月記研究』九号)、二〇〇四年
佐藤進一『日本中世史論集』岩波書店、一九九〇年
須藤　宏「本皇居・新内裏の位置と祇園遺跡」(歴史資料ネットワーク編『平家と福原京の時代』所収)、岩田書院、二〇〇五年
高橋昌明『酒呑童子の誕生　もう一つの日本文化』中央公論社、一九九二年
『改定増補・清盛以前　伊勢平氏の興隆』文理閣、二〇〇四年
田中文英『平氏政権の研究』思文閣書店、一九九三年
角田文衛『王朝の明暗　平安時代史の研究』東京堂出版、一九七七年
『平家後抄　落日後の平家』朝日新聞社、一九七八年

野口　実『坂東武士団の成立と発展』弘生書林、一九八二年
『中世東国武士団の研究』高科書店、一九九四年
『武士の棟梁源氏はなぜ滅んだのか』新人物往来社、一九九八年
早川厚一『平家物語を読む　成立の謎をさぐる』和泉書院、二〇〇〇年
菱沼一憲『源義経の合戦と戦略　その伝説と実像』角川書店、二〇〇五年
「木曽義仲の挙兵と市原・横田河原の合戦」（『群馬歴史民俗』二五）、二〇〇四年
美川　圭『院政の研究』臨川書店、一九九六年
『院政』中央公論新社、二〇〇六年
宮田敬三「元暦西海合戦試論」（『立命館文学』五五四号）、一九九七年
「都落ち後の平氏と後白河院―西海合戦の政治史的意味」（『年報中世史研究』二四）、一九九九年
「十二世紀末期の内乱と軍制―兵糧米問題を中心として」（『日本史研究』五〇一号）、二〇〇四年
元木泰雄『源満仲・頼光』ミネルヴァ書房、二〇〇四年
『保元・平治の乱を読みなおす』日本放送出版協会、二〇〇四年
（同編）『院政の展開と内乱』（日本の時代史7）吉川弘文館、二〇〇二年
「頼朝軍の上洛」（上横手雅敬編『中世公武権力の構造と展開』吉川弘文館、二〇〇一年）
安田元久『平家の群像』塙書房、一九七三年

## 著者紹介

一九五四年、兵庫県に生まれる

一九八三年、京都大学大学院博士後期課程指導認定退学

一九九五年、京都大学博士（文学）

現在　京都大学大学院人間・環境学研究科教授

主要著書

武士の成立　院政期政治史研究　藤原忠実

平清盛の闘い　院政の展開と内乱（編著）

源満仲・頼光

歴史文化ライブラリー
223

# 源　義経

二〇〇七年（平成十九）二月一日　第一刷発行

著　者　元《もと》木《き》泰《やす》雄《お》

発行者　前田求恭

発行所　株式会社　吉川弘文館

東京都文京区本郷七丁目二番八号

郵便番号一一三―〇〇三三

電話〇三―三八一三―九一五一〈代表〉

振替口座〇〇一〇〇―五―二四四

http://www.yoshikawa-k.co.jp/

印刷＝株式会社　平文社

製本＝ナショナル製本協同組合

装幀＝マルプデザイン

歴史文化ライブラリー

1996.10

## 刊行のことば

現今の日本および国際社会は、さまざまな面で大変動の時代を迎えておりますが、近づきつつある二十一世紀は人類史の到達点として、物質的な繁栄のみならず文化や自然・社会環境を謳歌できる平和な社会でなければなりません。しかしながら高度成長・技術革新にともなう急激な変貌は「自己本位な刹那主義」の風潮を生みだし、先人が築いてきた歴史や文化に学ぶ余裕もなく、いまだ明るい人類の将来が展望できていないようにも見えます。このような状況を踏まえ、よりよい二十一世紀社会を築くために、人類誕生から現在に至る「人類の遺産・教訓」としてのあらゆる分野の歴史と文化を「歴史文化ライブラリー」として刊行することといたしました。

小社は、安政四年（一八五七）の創業以来、一貫して歴史学を中心とした専門出版社として書籍を刊行しつづけてまいりました。その経験を生かし、学問成果にもとづいた本叢書を刊行し社会的要請に応えて行きたいと考えております。

現代は、マスメディアが発達した高度情報化社会といわれますが、私どもはあくまでも活字を主体とした出版こそ、ものの本質を考える基礎と信じ、本叢書をとおして社会に訴えてまいりたいと思います。これから生まれでる一冊一冊が、それぞれの読者を知的冒険の旅へと誘い、希望に満ちた人類の未来を構築する糧となれば幸いです。

吉川弘文館

〈オンデマンド版〉
源　義経

On Demand
歴史文化ライブラリー
223

2019年（令和元）9月1日　発行

著　者　元《もと》木《き》泰《やす》雄《お》
発行者　吉川道郎
発行所　株式会社　吉川弘文館
〒113-0033　東京都文京区本郷7丁目2番8号
TEL　03-3813-9151〈代表〉
URL　http://www.yoshikawa-k.co.jp/

印刷・製本　大日本印刷株式会社
装　幀　清水良洋・宮崎萌美

元木泰雄（1954〜）

ISBN978-4-642-75623-5